智元微库
OPEN MIND

成 长 也 是 一 种 美 好

适度养育

[澳] 朱迪思·洛克
Judith Y. Locke

著

培养独立且自信的孩子

陈晓——译

The
Bonsai Child
Why modern parenting limits children's potential
and practical strategies to turn it around

人民邮电出版社
北京

图书在版编目（CIP）数据

适度养育：培养独立且自信的孩子 /（澳）朱迪思·洛克（Judith Y. Locke）著；陈晓译. -- 北京：人民邮电出版社，2023.1（2024.5重印）
ISBN 978-7-115-60256-5

Ⅰ. ①适… Ⅱ. ①朱… ②陈… Ⅲ. ①家庭教育－教育心理学－通俗读物 Ⅳ. ①G780-49

中国版本图书馆CIP数据核字（2022）第190008号

◆ 著　　［澳］朱迪思·洛克（Judith Y.Locke）
　　译　　陈　晓
　　责任编辑　王铎霖
　　责任印制　周昇亮
◆人民邮电出版社出版发行　　北京市丰台区成寿寺路11号
　邮编 100164　　电子邮件 315@ptpress.com.cn
　网址 https://www.ptpress.com.cn
　北京天宇星印刷厂印刷
◆开本：880×1230　1/32
　印张：8.75　　　　　　　　　2023年1月第1版
　字数：260千字　　　　　2024年5月北京第8次印刷
　　　　著作权合同登记号　图字：01-2021-7029号
定　价：68.00元
读者服务热线：（010）67630125　印装质量热线：（010）81055316
反盗版热线：（010）81055315
广告经营许可证：京东市监广登字20170147号

我将此书献给十多年来我接触过的所有家庭，

正是你们真诚且毫无保留的分享，让我能够更加理解你们的处境；

你们在养育上体现出的无私与奉献精神，

也一直激励着我，使我致力于解决你们所面对的问题。

译者序

"过犹不及"的养育

作为一名从教十余年的大学老师，我遇到过很多给我留下深刻印象的人和事，有一类现象常常引起我的反思：有的学生考试挂科了，家长比学生本人还着急，他们可能通过各种渠道联系老师试图帮孩子解决问题；有的学生在学校做出违规行为，家长会直接跑到学校或联系老师为孩子求情；有的家长给我打电话请求我帮她的女儿解决宿舍矛盾；甚至曾经有一个学生的家长每天早上都给辅导员打电话，请辅导员叫学生起床上课……类似的事情还有很多。没错，这些行为都是已经成年的大学生的家长做出来的，并且这种行为并不少见。这令我十分困惑，这些学生和他们的家长到底是怎么了？的确，这些家长很爱自己的孩子，但是他们的做法真的能帮助孩子生活得更好吗？

我偶尔会给成年人上心理学课，讲授与家庭教育相关的内容，很多焦虑的父母总是会在课下向我咨询养育方面的问题，比如：对孩子说重话会不会给孩子留下阴影，孩子不愿意早起锻炼身体怎么办，孩子周末不学习只是玩手机怎么办，有没有必要给孩子报辅导班、兴趣班……

这些父母真的太焦虑了！

　　我后来在阅读研究文献的时候，无意间看到过度养育（over parenting）这一主题，我觉得上述问题好像都有了答案。这些父母在养育孩子的时候不是做得不够，而是做得太多了。接着，我发现了朱迪斯·洛克（Judith Y. Locke）博士的这本《适度养育》①。在读了此书的英文版后，我觉得很有必要向中国的父母介绍此书，我立刻给洛克博士写了封邮件，表示想翻译此书并在中国出版，此提议得到洛克博士的热烈回应。在与洛克博士的邮件交流中，我发现这种过度养育现象同时存在于东方与西方文化之中，虽然很多人认为西方的父母更倾向于培养孩子的独立性，但是在养育孩子这件事情上，西方父母和东方父母所遇到的常见困难和所需要花费的努力并无差异。虽然此书主要介绍的是西方文化下父母的养育状况，但是在如何培养孩子方面，此书对当代中国父母而言，仍然具有很强的借鉴意义。

　　为人父母不是一件容易的事，很多父母在养育孩子的过程中也是摸着石头过河，他们期望给孩子创造最好的生活条件，期望孩子能够健康成长，也期望自己能给孩子足够的爱。出于各种各样的原因，一些父母可能在自己成长的过程中并没有得到很好的照顾和足够的爱，当他们成为父母后，期望孩子不要再经历他们所经历的，因此他们可能选择与自己父母完全不同的养育方式来养育孩子。也有一些父母对养育孩子的信心不足，导致他们在养育孩子的过程中无法坚持采用对孩子有益（孩子也不一定喜欢）的养育方式。

---

① 本书英文原名为 *The Bosai Child：Why modern parenting limits children's potential and practical strategies to turn it around*，直译为《盆景孩子：为什么现代的养育会限制孩子的潜能及调整的策略》。

养育孩子就如同培育一株植物，若缺少阳光、水、肥料，植物是无法健康生长的，但是如果经历暴晒，被过度浇水、施肥，植物也无法健康生长，培育植物还需要主人适当地牵引和修剪，不能使植物肆意生长。在养育孩子方面，父母对情感和爱的剥夺将对孩子造成严重的影响，但是父母给予的爱和保护如果超出合理范围，孩子也将无法成长为健康的成年人，他们无法承担起对生活的责任。父母若过度严厉或者对孩子完全没有要求，将无法养育出独立、自信、对自己负责的孩子。这也正是本书想传递的理念，父母对孩子的爱、照顾和要求都要适度，过度养育可能把孩子变成"盆景孩子"，束缚孩子的潜能，削弱他们的心理弹性，还将给父母带来更多的养育负担。

洛克博士基于自己的研究和临床实践经验，在本书的第一部分对这种养育方式的特点及其对孩子和父母可能造成的影响做了非常详尽的论述，并在本书的第二部分提供了一些有关养育方法的调整策略。相信对于存在过度养育问题的父母来说，本书可以提供完全不一样的视角。

当然，本书基于西方的家庭养育研究结果和临床观察实践而写成，部分内容可能与我国的国情不一致。比如有关成年子女与父母一起住的主题，在我国可能不是一个太大的问题，此外，本书提到的一些具体解决方法（比如暂停冷静法）的有效性，也需要读者自行斟酌。不过瑕不掩瑜，本书是一本养育佳作。

如今，市面上有关家庭养育的书多如繁星。很多父母在阅读的时候可能产生一种感觉，在读书的当下觉得书中内容讲得很有道理，一旦回归生活，他们无法将书中的理论付诸实践，或者实践并不会达到期望的效果。借用一句流行的话来说："读过那么多有关养育的书，还是养育不好自己的孩子。"导致这种情况的原因是，养育孩子不能照本宣科，每一个孩子和每一个家庭都有其自身的特殊性，所以，如果各位家长在读罢本书后发现自己的养育之路仍然困难重重，我建议各位求助专业机构。

最后，感谢我的学生黄阳睿、张文丰、黄怡，三位同学曾协助本书部分章节的翻译工作；感谢北京师范大学珠海分校教育学院学前专业的张豹副教授，他在本书的翻译过程中提供了不少建议；还要感谢人民邮电出版社的编辑梁清波和黄文娇，她们在本书出版过程中提供了很多帮助，也正是她们的努力，使得本书可以顺利出版。

陈晓

2022 年 4 月 25 日

PART 2

第二部分

导论

我面前的这个家庭本应一切顺利，但事实并非如此……

坐在我面前的这对父母非常爱他们的女儿，他们竭尽所能地为孩子创造最好的生活条件。他们把她送进很不错的学校——上小学时，她就读于一所离家不远的公立小学；上高中时，她就读于一所很棒的私立中学。这对父母支持孩子发展广泛的兴趣爱好，花钱让她学习马术和舞蹈。他们的亲子互动看起来充满爱意，为了全心全意地陪伴女儿，母亲从女儿出生后就只做兼职工作；父亲在周末会陪女儿参加体育运动，带全家去森林公园或海边玩耍，这个女儿仿佛得到了她想要的一切。这似乎是一个完美的家庭，父母为女儿打造了一个理想的童年环境，然而，女儿既沮丧又愤怒，她憎恨父母并觉得自己的生活很痛苦。

这并不是我在咨询工作中遇到的唯一令人困惑的案例。仅仅在写下这段文字的两天前，一对40多岁、聪明且事业有成的夫妇就打电话向我求助，他们年仅4岁的孩子总是提出各种要求，行为也不受约束，把他们搞得焦头烂额。这对父母对我说："你可以跟他聊一聊吗？告诉他，他需要听我们的话，按照我们说的去做。"这对父母虽然事业有成，曾为政界人士和高级管理人员出谋划策，但是说服不了自己的孩子。

作为一个经常帮助父母解决养育问题的临床心理学家，从前我认为有两个因素容易导致养育问题：一是不良的亲子关系；二是父母双方不一致的养育方式。然而，最近几年我所遇到的养育问题的成因与这两个因素的关系都不大。我很快明白，过去有关促进积极养育的观点和做法对新出现的养育问题不起作用了。很多家长在尽力养育孩子，但他们善意的努力却无意中对孩子和家庭造成了意想不到的伤害。

怎么会这样呢？

带着这一疑惑，我着手进行调查，阅读了大量有关现代养育方式的研究资料，了解了直升机父母①、割草机父母②等新术语，这些术语指的是那些为孩子做得太多、过分帮助孩子、与孩子过分亲近的父母。我还重新回到学校攻读了博士学位，研究有关过度养育的问题。除了在学校的研究，我在从业过程中接待的很多家庭、参加我的培训的父母以及其他研究者也给了我很多启发。

本书是我调研和实践工作的结晶，反映的是我在私人从业和参加各种研讨会过程中遇到的一些较为普遍的养育问题；同时，本书阐述了一些流行的养育观念是如何影响孩子和家庭的。更重要的是，本书给父母提供了一些可以提升孩子与整个家庭

---

① 直升机父母（helicopter parents）是指某些过度"望子成龙""望女成凤"的父母，他们就像直升机一样盘旋在孩子头顶，时刻监视着孩子的一举一动。

② 割草机父母（lawnmower parents）是指这样一类父母，他们为了孩子的"健康成长"，随时赶在孩子前面，像割草机清除杂草一样帮助他们扫清前进道路上的障碍。

的幸福指数的实用技能。

在本书的第一部分，我主要探讨当代养育方式是如何演变的，介绍一些没有得到研究支持却被大众认可的养育观念，并解释如果父母按照这种观念养育孩子，会对孩子、父母和家庭产生哪些负面影响。同时，我会结合自己的咨询经验，阐述过度养育可能导致的一些典型困境。

在本书的第二部分，我将为父母提供从学步儿童到成年早期各个年龄段的孩子的养育建议，这些建议可以帮助父母培养孩子的自信心、社交能力、心理弹性①和自我调节能力。我也会教身为父母的你该如何鼓励你的孩子慢慢发展独立性和成熟度，这将帮助他们更好地生活。

我的这些建议可能你已经在践行了，也可能对你调整当下的养育方式有所启发，或者会颠覆你现在的养育方式。无论是哪种影响，它们都有助于你更好地养育孩子。

多年来，很多参加过我的培训的父母对我说，希望我能给他们推荐一些书，方便他们在养育孩子时参考，他们也希望与伴侣或朋友分享这些养育方式。我发现，虽然现在市面上不缺养育方面的佳作，但是我找不到一本与我们讨论的问题相关的图书。我决定撰写此书，我想把自己与父母们打交道的经验记录下来，供有需求的父母反复阅读。

我衷心期望读过本书的父母可以做出改变，也希望他们养育的孩子会是我在未来生活中遇到的优秀人才，希望一些父母

---

① 心理弹性：主体面对外界环境的变化时，心理及行为上的反应状态。该状态是一种动态形式，有一定伸缩空间，它随环境的变化而变化，主体在变化中实现对环境的动态调控，进而适应环境。

在读过此书之后培养出更自信、更有能力的下一代。我也期望这些孩子在成年后可以为社会做出更多的贡献，同时自己也能过上更充实的生活。正在阅读本书的父母，我希望你的孩子也是如此。

测试：你是否需要此书

世上有形形色色的父母，也有各式各样的养育观念，怎么判断本书是否适合你？为了明确这一问题，我设计了4个与养育方式有关的小测验，你对这些问题的回答会告诉你这本书是不是你所需要的。

测验 A：你的养育风格

请根据你的养育方式思考自己是否符合以下表述。

　　1. 如果我的孩子正面临困境，我会尽我所能帮他把事情做好。

　　2. 我常常对可能危及孩子生活的事情保持警觉。

　　3. 我竭尽所能地确保我的孩子开心快乐。

　　4. 我从不吝于表扬我的孩子，希望他可以有一个良好的自我感觉。

　　5. 我希望其他人和我一样支持我的孩子。

如果你符合以上大部分表述，说明你在尽力确保自己的孩子开心快乐，这个目标值得敬佩，但是这类做法是有风险的，它可能导致孩子无法学会自我满足或者缺少应对困难的能力，二者对于培养孩子的心理弹性都是非常重要的。

此外，如果你有上述情况，这本书将对你非常有帮助。它会帮助你理解为什么你会这样做，并教你如何调整自己的养育方式。我建议你在阅读本书的第二部分之前，先就第一部分的内容做一些细致的笔记。

测验 B：你的养育处境

请根据你目前的处境思考以下表述。

1. 我有时无法让孩子做他不想做的事情。

2. 当我叫我的孩子做他不想做的事情时，我有时会害怕他的反应。

3. 在养育方式和管教方法上，我和伴侣有时会产生分歧。

4. 为了让自己的生活更轻松，我有时会按照孩子期望的方式处理事情。

5. 我的孩子有时会对我不敬，或者对我说一些过分的话。

6. 我的孩子有时生气了会打我。

如果你符合以上任何一项表述，说明你的孩子可能已经掌控了整个家庭。孩子总是想按照自己的意愿行事，一旦事与愿违，他们就会心烦意乱，这是很正常的。但大多数时候，父母才是家里负责做决定的人，并且他们要确保孩子可以遵守他们提出的要求。如果一个孩子完全不听从大人的教导，他未来可能很难适应校园生活及职场环境。

如果你符合测试 B 中的大部分陈述，那么本书第二部分的养育策略对你来说将是非常实用的；为了了解发生上述情况的原因，本书的第一部分也会对你有所帮助。

你和伴侣也有可能在养育方式上存在分歧，我猜有的父母会在孩子面前分别唱红脸和白脸（good cop/bad cop）。在刑侦剧里，这种做法能够迅速抓住坏人，但是聪明的孩子很快便能学会利用父母之间的分歧为自己谋取好处。本书可以帮助你和伴侣形成相对一致的养育观念，并尽力确保你们的养育策略相辅相成，使得整个家庭的养育方式实现利益最大化。

如果孩子打你或者常常对你不敬，那么问题非常严重，你需要在情况恶化之前尽早着手处理。如果你采纳了本书的建议后，孩子的行为仍然没有变化，我建议你立即求助专业人士。本书的第十五章对于如何获得相应帮助有详细说明。

测验 C：你的养育自信

请根据你内心的真实想法思考自己是否符合以下表述。

1. 我有时会翻来覆去地考虑我做过的养育决定（比如孩子的出生方式、母乳喂养的时间、什么时候重返工作岗位等），并且总是怀疑我为孩子做出的选择是不是最好的。

2. 有时我会不知如何教育孩子，并且担心自己犯错误。

3. 我会与其他父母进行对比，当发现自己在养育方式上的选择与他们不同时，我会感到不舒服。

4. 只有在孩子喜欢我的时候，我才觉得自己是一个合格的父亲或母亲。

符合以上任意一项表述都表明，你可能对自己能否成为好父母一事缺乏信心。缺乏自信有时会让养育变得很困难，一旦你和孩子产生了冲突，尤其是当孩子处于叛逆的青春期时，缺乏自信会让你感到手足无措，这种自我怀疑和犹豫不决也会降低你的幸福指数。

阅读本书会让你了解，即使你的选择不是孩子所喜欢的，对他们也有好处。即使有一天，你的选择与其他父母的选择不同，你对自己也是有信心的。

测验 D：你的孩子

请根据你的孩子的情况思考以下表述。

1. 我的孩子经常跟我黏在一起，且常常需要我的关注和安慰。

2. 我的孩子似乎缺乏自信，总是忧心忡忡的。

3. 我的孩子缺乏动力，所以我需要花大量的时间帮他做好安排。

4. 我的孩子总是对我的决定有意见。

5. 我的孩子是家里关注的焦点，并且他也需要这种关注。

6. 即使我已经给孩子买了很多东西，他还会索取更多。

如果你符合以上任意一条表述，意味着你的孩子可能存在问题或者你的家庭已经出现了问题，因为你们总是试图满足孩子不合理的要求。如果你符合表述 1 和 2，则意味着你的孩子可能缺乏自信并且时时需要安慰；符合表述 3 则说明你的孩子可能存在动机问题；符合表述 4 则意味着你的孩子可能存在对立违抗障碍[①]；符合表述 5 则意味着孩子需要大量关注和安慰；符合表述 6 则说明你的孩子渴望生活无忧。

如果你怀疑孩子有以上问题，可能做的第一件事就是预约心理医生，但是我建议你在拿起电话之前，稍微调整一下自己的养育方法并做出一些小的改变，孩子的问题可能会消失，一切将恢复正常。

我并不是建议你永远不寻求专业帮助，只是建议先试试这本书里提到的方法。如果试完后孩子还是没有明显的变化，你可以翻到第十五章，了解一下应如何寻求专业帮助。

如果你不符合以上任何一个测试里的任何一项表述，恭喜你，你算是一个成功的家长了，真的很棒！但是等一等——你为什么拿起本书？是不是你的心中仍存有疑虑，或者仍有无法解决的亲子问题？

如果当真如此，我建议你继续阅读下去。

---

① 对立违抗障碍（oppositional defiant disorder，ODD），是一类孩子在儿童学龄前期出现的，以持久地违抗、敌意、对立、明显不服从、消极抵抗、易被激怒、挑衅和破坏行为为基本特征的儿童行为障碍。

PART 1

第一部分

第一章
当代的养育方式

在过去的 20 年里，父母的养育方式发生了天翻地覆的变化，我猜大多数的父母会认为自己的育儿方式不同于自己的父母那一代，为什么会发生这种变化？

父母的养育方式往往带有时代的烙印。在 21 世纪，科学技术发展迅速，通信手段、工作和人际交往方式都发生了巨大变化，这也极大地改变了家庭的生活方式。我们的生活理念和养育方式也在变化，事实上，许多父母故意采取了一种不同于自己父母的养育方式。

我们一起来看看现代养育环境发生了哪些重大变化。

物质生活更富足

我们中的许多人会认为自己的物质生活水平或多或少要高于父母那一代。当然，为了住上更高档的小区，我们也有可能背负高额房贷。

孩子们也可能过得更幸福，他们拥有被精心布置的房间、好玩的玩具和令人惊叹的高科技产品。他们可以观看有趣的电视节目，玩设计精良的游戏，或者听具有卓越音质的音乐。他们学校的设施更先进，师资力量更雄厚，他们放学后还可以参加各种有趣的课外活动。事实上，与我们相比，孩子们似乎拥有更加美好的童年。

毫无疑问，大部分人努力工作就是为了维持这样的生活。虽然我们为此背负了很大的压力，但结果还是相当不错的。

生存环境更安定

我们中的大部分人没有经历过饥荒或战争，虽然有的父母戏称养育一个很能吃或喜欢顶嘴的孩子，有时就像在经历饥荒或战争，不过这与真正的饥荒与战争是不一样的，我猜为孩子提供一个安身之所对你来说不成问题。

如果你已经做到了这一点，按照心理学家亚伯拉罕·马斯洛（Abraham Maslow）的需要层次理论，你可能正处于一个高级需要层次。马斯洛需要层次理论认为，人们有实现某些事情的动机。根据这一理论，当你的基本生理需要，比如对空气、食物和水的需要得到了满足时，你会期望满足更高一层的需要，比如安全需要；一旦安全需要也被满足了，你通常会寻求满足再高一层的需要，比如归属和爱的需要、尊重的需要、自我实现的需要；一旦这些需要也被满足了，你还会继续寻求满足更高一层的需要（见图1–1）。

自我实现的需要

尊重的需要

归属和爱的需要

安全需要

生理需要：空气，食物，水

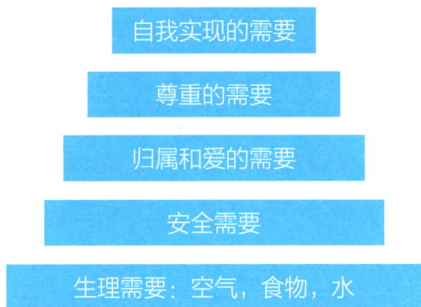

图 1-1　马斯洛需要层次理论

虽然心理学家还在为这些不同层次的需要是否适用于各种文化环境而争论，但这个理论在某种程度上是具有普适性的。打个比方，如果你现在被困在一座荒岛上，你首先要满足的是底层的生理需要，你希望有水喝，有东西吃，这时你可能暂时不会考虑高层次的需要，比如尊重的需要等。

在物质富足的年代，当基本的需要，如食物和住所都被满足了，我们倾向于关注更高层次的需要。现在，大部分孩子在家里都能得到很好的照料和关爱，我猜阅读此书的父母更关注孩子的尊重需要，即对自尊和自信的需要。有些父母看似关注孩子的人际交往情况，实际上父母关注的是孩子的人际关系是否会影响孩子的自尊和自信。

这可能在某种程度上解释了为什么当代很多父母如此看重孩子的自尊的问题，并非是孩子存在严重的自尊问题，而是当他们的底层需要已经被满足了时，即当父母已经解决了孩子对食物、水和安全的需要，他们就会关注还可以做哪些事情来帮助孩子进步。遗憾的是，他们好像陷在自尊需要这一层次里了。

过分关注自尊

生活在如今这个每天都在发生变化的时代，我们不知道有什么技能可以确保我们未来获得成功。在以前，只要受过基本的教育，我们总能找到一份工作。如今情况发生了变化，没有什么技能可以确保一个人能获得一份稳定的工作。当技能靠不住时，我们只能仰仗自尊，自尊是我们得以掌握某些必要技能的重要品质。

这种自尊至上的观点，源自人们对一些心理学研究成果的错误解读。心理学家马丁·塞利格曼（Martin Seligman）认为，一个人对自己的满意程度和看待这个世界的方式会受到两个因素——干得好（doing well）和感觉良好（feeling good）的影响。干得好的人往往自我感觉良好，确实有研究发现二者是存在相关性的。但是，如果你认为只有感觉良好才能干得好，就有点本末倒置了。基于对一些研究的误解，有些人会认为感觉良好是干得好的前提条件。

如果人们做的不是他们有把握的事情，他们很难感觉良好。然而，有些人（也就是父母）会通过走捷径的方式让孩子产生良好的感觉。他们可能表扬孩子，让孩子暂时自我感觉良好；或者通过改变环境保证孩子可以干得好，例如确保孩子在任务中获胜或得到他想要的。这种"快餐"式的良好感觉是有问题的：第一，这种良好的感觉非常短暂，它不是孩子通过自己的努力获得的，往往很快便烟消云散，需要父母不断维持；第二，孩子会变得高度依赖其他人定期为他们付出类似的努力。

此外，这种靠父母的幕后帮助令孩子感觉良好的做法还存在一个问题——孩子可能永远无法学会直面困难、应对挑战。

> **要么直面困难，要么接受现实，要么着手改善境况，**
> **只有这样，一个人才能建立真实的自尊。**

直面问题和解决问题最终可以给予我们力量感，也会让我们有信心去面对更大的困难。如果失去直面和解决困难的机会，我们虽然可能得以享受短暂的胜利或成功带来的喜悦，但这也意味着我们需要继续依赖他人，一旦脱离他人的保护，我们将失去独自面对新挑战的信心。

有一种荒谬的观点认为，只有持续不断的成功和表扬才能让孩子自我感觉良好，这种观点会导致一些父母把令孩子感觉良好视为己任。孩子是否需要来自家庭的关爱并被父母重视？这是毫无疑问的，但是爱孩子不等于父母要确保孩子一直成功。

值得注意的是，父母所做的确保孩子成功的所有工作无意间也向孩子传递了一种不良信息。如果你总是尽一切努力确保孩子成功和获胜，那么你是在暗示孩子，成功对他来说非常重要，这也意味着如果他失败了，你是无法接受他的。尽管你可能会告诉孩子无论成功还是失败，只要"尽力"就好，但是你插手这件事的做法也无形中给孩子传递了一个信号，只有成功才能得到你的肯定，甚至只有成功才能得到你的爱。

都是低自尊惹的祸

当孩子出现无法适应的问题或行为举止不当时，这种强调"自尊是孩子良好表现的基石"的观点会让父母将问题归咎于自尊。事实上，近期来找我咨询的父母就是这样，不管孩子出了什么状况，他们都倾向认为是孩子的低自尊在作怪。

希德诺伊（Sidoney）的父母打电话向我求助，他们说11 岁的希德诺伊是一个低自尊女孩，他们为此感到非常痛苦，期望我能见见她并且帮助她。

多年来，她变得越来越喜欢顶嘴，有时会对父母大喊大叫，还经常把父母的话当成耳边风，和父母对着干。她的情绪阴晴不定，常常一会儿情绪低落，转眼又满是爱意，或者前一刻对父母大发脾气，后一刻又紧紧黏着父母。有一次她直呼母亲"肥婆"，又在隔天给母亲写了一个爱心便条，为弄哭母亲一事道歉。每次只要遇到烦心事，希德诺伊就会责怪他人，她还常常抱怨自己没有朋友。

希德诺伊的父母说他们经常肯定女儿，夸她多才多艺，大家都会喜欢她的。为了保证她有一技之长，他们上个月节衣缩食为她报了一个马术班，但她还是说自己已经"无药可救"。尤其是当父母要她做家务或跟弟弟好好相处时，她就会指责父母对她不够好。父母说希德诺伊变得越来越难相处，她总是跟父母吵架并拒绝做父母要求她做的事情。父母认为女儿的问题是低自尊，只要提高她的自尊，她就会更快乐，也能交到更多的朋友。

类似希德诺伊这样的案例很常见。在我的咨询中，我常常发现父母会把孩子一些十分恶劣的行为归咎于孩子的低自尊或缺乏自信。当我接手这种案例时，我发现这种看法会造成一个很严重的后果，如果孩子常常对父母不敬又没有得到任何惩戒，那么父母将对他产生不良影响。如果孩子稍微有点理智，那么在做了错事之后，他应该感到过意不去而不是感觉良好，就好比我们在对咖啡店的店员或同事大发脾气后会感到过意不去一样。

此外，父母是孩子的重要依恋对象，也是孩子学习如何建立亲密关系的榜样。如果孩子可以对父母举止粗鲁、随意狡辩甚至大喊大叫，不尊重父母，那么他们未来极有可能在其他亲密关系中依法炮制，这也为他们未来的亲密关系开了一个不好的头。

当我看到一些孩子对爱自己、善待自己的人不敬甚至武力相向，自己却毫不在意时，我感到非常担忧。如果父母不采取有效的惩戒措施阻止孩子的这种行为，那么将助长孩子的特权感。他们可能会形成一种不合理的期待，认为自己就是世界的中心，可以在任何关系和场所中为所欲为。

特权感其实是低自尊的对立面，但它通常看起来很像低自尊，因为孩子的快乐建立在成为大家关注的焦点或对全家人的控制之上，一旦失去特权感或不再是被关注的焦点，他们将变得十分沮丧。很多孩子在七八岁后就无须父母持续关注了，如果他们仍然渴求关注，父母就要重视了；七八岁之前的孩子如果存在这种需要过度关注的情况，父母也要给予重视。

在很多孩子有问题或发展不良的案例中，我相信他们确实存在自我感觉不良的问题，但低自尊不是唯一的原因。父母将孩子的问题归因于低自尊将引发一系列养育行为，比如对孩子过度补偿，提供过多的帮助及过度表扬孩子等，这些行为会在无意中助长孩子的恶劣行为。如果孩子更依赖父母的帮助，他们将开始怀疑自己面对生活挑战的能力，持续感觉自己很糟糕。更糟糕的是，如果孩子行为不当，父母却给予表扬和关注，将会强化他们不切实际的高期望，让他们以为这个世界都是围着他们转的。他们会理所当然地认为自己是"公主"或"皇帝"，这是个大问题。

关于儿童健康和育儿的信息泛滥

社会上关于孩子心理健康的信息过多也是导致父母过于关注孩子自尊问题的原因。

20 世纪 60 年代以来，很多研究者和临床心理学家都十分关注何为所谓的理想的养育方式，戴安娜·鲍姆林德（Diana Baumrind）是养育风格研究的开拓者，埃莉诺·麦考比（Eleanor Maccoby）和约翰·马丁（John Martin）也对这一主题进行了拓展研究，研究者发现有两个因素决定了父母养育风格的类型。

回应：父母对孩子的爱和对其需要的回应。

要求：父母使用规则和惩戒要求孩子做出与其年龄相符的、负责任的行为。

研究发现这两个因素按水平高低相互组合可以形成四种不同的养育风格，如图 1–2 所示。

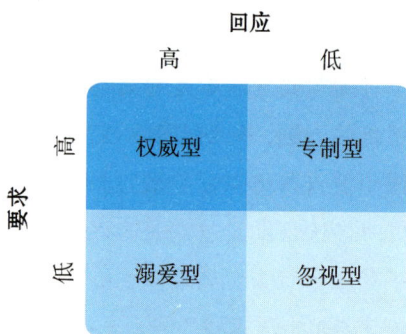

回应

	高	低
高（要求）	权威型	专制型
低	溺爱型	忽视型

图 1-2　四种不同的养育风格

资料来源：Baumrind 1965，1991；Maccoby & Martin 1983.

从图 1–2 中可以看出，爱孩子同时又要求孩子举止得体的父母被认为是"权威型父母";通过大喊大叫要求孩子遵守规则,但对孩子很少表现出爱和回应的父母是"专制型父母";非常爱孩子但又无法让孩子遵守某些行为准则的父母是"溺爱型父母";而既没有爱,也不坚定地认为孩子需要承担行为责任的父母则是"忽视型父母"。

很多研究证实,拥有高要求和高回应特征的权威型教养是比较理想的养育风格,它有助于孩子提升幸福感、心理弹性、安全感和受欢迎程度。

那么,这些研究结果是如何影响当下的养育理念的?一般来讲,一项研究在完成后,它会将某些研究结果发表在面向专业人士的专业杂志上,接着,面向大众读者的报纸或杂志会对这些发现进行报道,使其广为人知。但是报纸或杂志往往呈现的是被简化过的结果。比如,有一项研究测试了不经常运动人群的健康水平,并把他们与每天运动 30 分钟的人群进行比较,结果发现每天运动 30 分钟的人更健康。可以想象,当这个研究结果出现在大众媒体上时,可能会被简化为"要多运动",这一标题会吸引那些不运动的人,但是对那些每天已经运动 1~2 小时的人来说,遵循这一建议将导致锻炼过度。

同理,如果研究发现被父母珍视、关爱的孩子比不被关心或重视的孩子表现得更好,大众媒体在分享这一研究发现时,标题可能变成"要让你的孩子感觉自己很重要",并且提供很多关于如何倾听及关注孩子需要的建议。这的确是一个重要的信息,但不是所有的父母都需要听从此建议。

**只有忽视型或专制型父母才需要听从此建议,
即学会倾听和回应孩子。**

那些已经对孩子有高回应的父母则无须听从。

很多热衷于听从专家建议的父母可能会按照这种"标题式"建议改进自己的养育方式，这样做容易导致的问题是，他们在对孩子进行回应方面本已经做得很好了，遵循这个建议将造成过度回应，这样做对孩子是有害而无益的。

后续研究者认为，有两种养育方式需要调整，忽视型养育和专制型养育。一些研究已经证实，这两种缺乏关爱的养育方式会对孩子的发展产生消极影响。但是大众媒体在介绍相关研究成果时，可能断章取义，建议父母要对孩子回应得更积极，但这些信息没有告诉父母对孩子的要求也同样重要，也没有告诉父母如何对孩子的行为设置要求。恰恰相反，大众媒体对惩戒的讨论通常是能否打孩子，即倾向于认为任何体罚孩子的行为都是不可取的，媒体很少讨论有什么方法可以确保孩子举止得当。

这导致父母在媒体上浏览与养育相关的信息时，容易认为任何形式的惩戒对孩子都是有害的，再加上大量的信息都在建议父母要让孩子感觉他们自己很重要，将催生一种不正确的观念，即理想的养育方式是让孩子而非父母掌控整个家庭。

权威型教养与专制型教养

权威型和专制型存在语义上的差异。专制型养育（严格且缺少关爱的不良养育风格）听起来很像权威型养育（一种非常有益的、坚定但充满爱的养育风格）。权威型养育的父母通常是权威人物，并且关爱他们的孩子，这是一种理想的养育风格，而专制型养育风格的父母只重视权威，很少或完全不关爱孩子。

遗憾的是，这两个术语常常被误解或混用，导致父母需要在家庭中确立权威或地位的观点变得声名狼藉。

缺乏权威的养育方式绝不是心理学家推崇的好的养育风格。作为成年人，父母应该更清楚孩子可以做什么、不可以做什么，比如幼儿可不可以玩电锯，或者 14 岁的孩子可不可以外宿、通宵狂欢等。随着时间的推移，一些对心理学研究发现的错误解读可能促使父母采用高回应、低要求的养育风格养育孩子，这将导致父母在做出养育孩子的决定时过于关注如何满足孩子的期望，而没有进行理智思考，这种养育方式对亲子双方而言都是不利的。

剖析父母的养育方式

当你竭尽所能地养育孩子时，你可能会开始反思自己被养育的经历。鉴于当前流行的观点是：父母要全心全意养育孩子并保证孩子的童年是幸福快乐的，我猜与你养育自己的孩子相比，你的父母为养育付出的努力要苍白很多。

来找我咨询的父母有时会对自己的父母有负面评价，他们常常认为自己的父母"太严厉"了。很多人记得父母曾在某件事上对他们说"不"，比如缺席学校家长会，童年时拒绝给他们买他们特别想要的东西，如一双白色的溜冰鞋或一匹小马等。

他们还认为父母不够爱他们，会控诉父母不怎么对他们说"我爱你"，也不怎么拥抱他们，这些记忆会影响他们自己为人父母的体验。当他们成为父母后，可能会像《飘》中的斯嘉丽·奥哈拉（Scarlett O'Hara[①]）那样发誓："如果我不得不说谎、抢劫、欺骗或杀人，上天做证，我绝不会对我的孩子说'不'"，或者发誓"我一定会时刻爱着我的孩子""我一定会给我的孩子买一匹小马"。

这样的父母太了不起了！但是他们在履行这些诺言时会无止境地溺爱孩子。

对于这些父母我想说，并不是你们的记忆不准确，只是你把你的父母与现在的父母进行比较是不公平的。时代不同了，在经济困难时期，你的父母为了养育你已竭尽所能，能够让你吃饱就已经是他们所能给予的全部的爱了。别忘了，在艰难或经济困顿时期，人们首先需要满足的是马斯洛需要层次中的低层次需要。在当时，父母很少会对孩子说"我爱你"或拥抱孩子，那时的工作也不是很人性化，单位领导通常不会同意员工请假去学校观看孩子的演出，那时的学校也不像现在这样经常组织演出或家长会。

我这么讲并不是说你的父母对你的养育方式没有问题。我知道你们中的一些人的童年确实过得比较艰难，但我猜很多人介意的只是一些微不足道的事，那么你为什么要对自己的童年进行这么多剖析呢？

认为父母辜负了自己

有一种流行观点认为，一个人成年期的不幸源自不美好的

---

① 小说《飘》（又名《乱世佳人》）中的女主角斯嘉丽在南北战争后回到被摧毁的庄园，在庄园中手握红土立下誓言，并说下了一段类似的经典台词。

童年经历。大众心理学对这种观点进行了广泛宣传，导致一些人认为童年期的某种缺失会毁掉一个人，这对于有严重心理问题的个案来说是成立的，比如经历过严重情感剥夺的孩子，但是我接手的大部分个案并非如此。

为什么这个观点会被很多人接受呢？因为它是有用的。假如你相信你的父母辜负了你，这种想法对维持你的自尊就有奇效。你可以幻想，假如他们为你付出了更多，给你买了芭比娃娃套装，支持你去巴黎学哑剧，或者告诉你他们时时刻刻都在爱着你，你此时可能已经成为明星了。这种认为是由于父母的过失自己才无法获得成功的想法，会让人们觉得自己的人生原本有无限可能，是父母的过失限制了自己。这种想法让人们将自己放在受害者的位置上，让习惯自怨自艾的人觉得很受用。

且慢，在声泪俱下地控诉父母是如何辜负了你之前，请明白这种想法也是有代价的。假如一个人真的认为自己现在的困境是由父母的疏忽导致的，他们自己在为人父母时，也将认为养育孩子过程中的任何选择都是无比重要的，任何错误都可能彻底毁掉孩子。

你现在是不是有一种被倒打一耙的感觉？请你放心，这种认知是不对的。

其实孩子具备适应生活中的起伏的心理弹性，也可以应付严重的事件，这种观点尽管不很流行，但已反复被研究证实。

如果你是充满爱意的父母，
你对孩子的行为抱有切合实际的期望，
那么你已经做得很好了。

我在做养育讲座和咨询工作时经常提到一个重要的观点：即使你的父母是非常糟糕的父母，你也可以取得成功。怎样才算成功？我认为如果你从有问题的童年成长为一个有教养、经济独立、有能力爱和被爱的人，就是成功。这也恰恰证明你有心理弹性；证明你的父母没有竭尽所能地满足你，反而驱使你主动追求成功，促使你自己克服困难，培养克服困难的勇气。

如果你的童年已经完美无瑕，那么你是否仍有前进的动力？你可以离开家吗？就算你是父母的掌上明珠，你可以成为明星吗？你不会产生特权感吗？这种特权感会导致你找不到工作或无法维系友谊与亲密关系吗？

但凡你承认自己的父母已经竭尽所能养育了你，你将更有可能觉得自己是被爱的小孩，也会倍感幸运。这样，你无须花大量时间面对那些不靠谱且自私的"可以怎样""应该怎样""会怎样"的显微镜式疑问，也不会去挖掘自己凄惨的童年经历，而会把时间放在养育孩子上，你的养育也会变得更加轻松。

步步为营，小心翼翼

当拿起一份报纸或浏览新闻网站时，我们不可避免地会看到有关孩子的可怕新闻，它们报道了一些诸如殴打、绑架等可怕的事件。我们常对此感到震惊，也为这些孩子的家人和朋友感到难过，这会使我们深陷他们的悲惨故事之中。媒体对发生在孩子身上的可怕事情的过度报道有时也会让我们高估这类事件发生在自己孩子身上的可能性，容易陷入恐慌，对孩子的保护将变本加厉。

尽管类似报道很多，实际在过去的十多年里，犯罪率并没有上升，有关儿童受害者的统计数据也保持在相对稳定的水平，毕竟"在户外玩耍的孩子一切平安"不是什么有价值的新闻。所以，看到一些关于孩子受伤的可怕报道，很多家长便习惯性地认为外面的世界充满危险。

有研究显示，现在的社区居民倾向于高估犯罪率，这种焦虑会促使父母时刻盯着孩子，宁愿让孩子在家里玩也不允许他们去户外玩耍。

然而我们忘了，在大多数情况下，孩子受到的伤害是来自家人或者熟人。这种强调陌生人很危险的论调是言过其实的，而且会让父母误以为孩子生活的环境充满危机。

这种恐惧是人们与生俱来的。作为一名心理治疗师，我治疗的更多的是飞机恐惧症而不是汽车恐惧症。看起来很奇怪，因为在实际生活中，汽车事故远比飞机事故多得多，很多人坐汽车的频率也要比飞机高得多，为什么人们反而觉得飞机更危险？

我们常常觉得无法控制的东西更危险。无论飞机的飞行记录显示它的安全性有多高或你之前乘坐的飞机多么安全，你还是不认识飞行员，也没有直接坐在他们旁边，因此，与自己开车相比，坐飞机更容易让你感到恐惧。自己开车或选择司机会让我们相信自己能够控制环境，进而产生安全感，这也是为什么家长无视交通事故的高发率，无视适龄孩子步行或乘坐交通工具上学是更安全的选择这一事实，他们仍然觉得自己开车送孩子上学才安全。

再多的保护也不为过

如今我们常常借助高科技掌控生活，比如调控房间的温度，拉直或烫卷头发，甚至调整鼻子的大小，科技的发展让我们奢望可以掌控一切。在养育孩子方面也是如此，一些父母总以为他们的做法可以确保孩子永远安全。他们可能认为只要时刻把孩子绑在自己身边，就万无一失。

具有讽刺意味的是，这种让孩子一直待在家里以及父母亲自开车送孩子上学的做法，有可能让孩子变得更加不健康，或因为缺乏运动而变胖。这种不间断的保护导致孩子更没有信心面对外面的世界，因为父母的保护行为向他们暗示外面的世界是很可怕的。

> 只有通过亲身体验，
> 孩子才能建立面对现实生活的自信。

孩子早晚都要独立。如果父母不允许他们迈开脚步走出家门，那么他们就无法建立自信并获得生存技能，父母阻止他们进入外面的世界也将使他们丧失生存能力。

父母深感愧疚

过度强调父母角色的重要性会令父母感到愧疚。找我做咨询的父母很少承认他们的愧疚感，但我发现父母的愧疚感是导致儿童或青少年产生行为或情绪问题的重要原因之一。

为人父母是世界上最难的事情之一，而且养育孩子无明路可循。就在你觉得在养育第一个孩子时自己做得还不错的时候，第二个性格不同的孩子很有可能把一切打回原形。

也正是因为养育如此重要，很多父母全身心投入了养育孩子这一事业。父母总是不断被告知养育方式有对错之分，正如人们热衷于做正确的选择 —— 选择最好的伴侣，选择最好地段的（有时价格是令他们无法承受的）房子。父母也期望能选择正确的分娩方式，给孩子起最好的名字，这种期望甚至小到挑选一辆完美的婴儿车。

遗憾的是，再美好的初衷、再完美的计划也有可能泡汤。期望的分娩方式让位于母子的安全。最好地段的房子可能由于经济条件的变化变得让人无法承受，迫使父母不得不寻找新的工作或换房子；甚至曾经美好的关系也可能变得四面楚歌，导致婚姻关系分崩离析。虽然这些决定最开始是出于为当事人好而做出的，但是这种选择的改变导致的困境将更容易引发人们心中的愧疚感。

**当你能做的（现实）
和你想做的（理想）不一致时，
你将更容易产生愧疚感。**

父母的愧疚感常常来自两个根深蒂固的理念：一是世界上存在完美的养育方式且父母值得拥有；二是孩子无法自行从艰难的经历和困境中走出来。

事实并非如此。

实际上，努力将养育工作做得完美是父母为自己设置的一个不切实际的高要求。当父母（不可避免）无法达到自己的期望时，他们就会对自己的表现感到焦虑、愧疚。即使父母做到最好，孩子也不一定按照父母所期望的方式给予反馈。

很多父母担忧的事情在孩子的生活中都是无足轻重的，他会很快忘记一切。遗憾的是，父母长期对自己在养育孩子的过程中出现的微小或无法避免的"错误"感到耿耿于怀，导致养育焦虑和痛苦，而养育焦虑反过来又促使父母采用溺爱孩子的养育方式。父母自以为通过这种方式可以弥补他们犯下的"错误"，对孩子而言，这是有百害而无一利的。

孩子有时能够觉察父母的愧疚感，他们自己也可能感到过意不去。即使有的孩子过得还不错，父母也已经做得足够好，孩子仍然会认为自己是受害者，这对孩子和父母而言都不是什么好事情。

时代见证着养育方式的变迁。不仅如此，我们对何谓理想的养育方式的看法也在随着时代的变化而变化，下一章我会详细聊聊这些变化。

第二章
过度养育——过犹不及

时代在进步，养育方式也在发生变化。我通过对现代养育方式进行研究并对父母和家庭展开观察发现，人们对最佳养育方式的看法正在随着时代的发展而变化。

在上一章，我介绍了区分养育风格的两个重要因素：回应和要求。回应是指父母对孩子的养育、照料和爱；要求则是父母对孩子的期望，父母会使用规则和惩戒措施确保孩子言行得当。

不同水平的回应和要求相组合将产生四种养育风格：权威型、专制型、溺爱型和忽视型。心理学家和临床医生都认为，对孩子高回应和高要求的权威型养育是一种理想的养育风格。

然而，今天父母回应程度和要求程度的变化正在影响着流行观点。我观察到有的父母对孩子不仅是高回应，而是极端回应，甚至和孩子成为密友；有一些父母则对孩子要求极高，他们要求孩子非成功不可，比如要成为运动健将，成为班里最受欢迎的孩子，在学校表现优异等；一些父母则致力于确保孩子总是成功、快乐，他们过度帮助孩子，对孩子设置了极低的要求，这种父母承包了孩子的一切做法，导致孩子自己的努力显得无足轻重。

这种从高回应变成极端回应、从高要求变成极高要求、从极高要求变成极低要求的变化相互交织在一起，我个人认为，它是一种连锁反应。现在的父母觉得自己要为孩子的自尊和幸福负责，所以需要对孩子做出更多的回应。他们误以为这样做，孩子便会一直成功、快乐。这种先入为主的理念基于以下假设：假如一点点爱和关注便可以提升孩子的自尊，那么大量的爱和关注则可以大大提升孩子的自尊。

父母对孩子的回应提升可能会促使父母提高对孩子的显性或隐性要求和期望；父母对孩子的高关注会给孩子带来压力，即他们有义务表现出色。当今比较流行的观点是：孩子只有表现得足够优秀，才可能拥有高自尊。

许多父母过于看重孩子的成功和快乐，以至于他们担心孩子单凭自己的能力无法实现他们的期望。他们会过度帮助孩子，比如替孩子写作业，给孩子的教练打电话让孩子加入某个团队，把孩子落下的作业送到学校，实际上，父母的这种做法是在降低对孩子的要求。

虽然父母做这些事的初衷是好的，但这些行为实际上就是心理学家所说的过度养育。暴食是将很重要的饮食行为发展到过量；过度运动也是如此，本来是积极锻炼却发展成过度锻炼；过度养育型父母则是把原本重要且积极的养育行为做过度了。本来回应孩子、对他们寄予期望和帮助他们都是好的行为，然而，父母的过度回应、过于期望孩子获得成长，以及过度帮助孩子会将有益的行为发展为徒劳无益。

下面我们花点时间来仔细讨论一下这种连锁反应。

极端回应

我们在上一章讨论过，当代对孩子的幸福和自尊的过度关注，使得一些父母采用了心理学家戴安娜·鲍姆林德所说的溺爱型养育风格。她发现这种父母对孩子的品行没有任何要求，认为孩子只要快乐就好，他们给予孩子的温暖和爱已经达到极端不健康的水平（见图 2–1）。

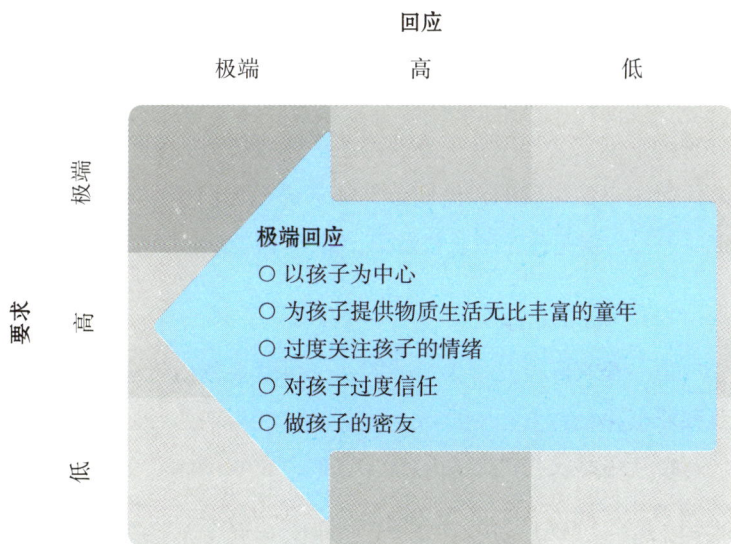

图 2-1　极端回应的五种表现形式

资料来源：Locke，Campbell，& Kavanagh，2012.

下面我来解释一下与极端回应相关的养育行为。

以孩子为中心

刚出生的婴儿需要全家人的悉心照料，对这个年龄段的孩子来说，这种照顾是非常有必要的，但是这种以孩子为中心的照料方式仅在个体生命的早期阶段是合适的。

> 遗憾的是，现在很多家庭在孩子长大后，仍以孩子为中心，所有的生活都在围绕着孩子转。

在这种家庭里，全家都得根据孩子的意愿行事，比如吃什么、周末干什么。我接待过一对双职工父母，他们平日疲于工作，周末还要拼命满足他们 6 岁和 8 岁孩子分别提出的每一个要求。我认识的很多家长在孩子的社交生活中投入的精力要比他们为自己的社交生活投入的精力多得多。我听过的一个令人惊讶的案例，父母中有一方获得了非常难得的升职机会，需要前往一个城市就职，他们首先征求的是他们 4 岁的孩子对搬家的意见，但是孩子不愿意搬家，最终他们放弃了这次机会。

为孩子提供物质生活无比丰富的童年

当一个家庭以孩子为中心时，父母就会致力于满足孩子的各种要求。

现在很多家长把幸福的童年等同于丰富的物质条件，如拥有漂亮的房间、一大堆好玩的玩具、名牌服装、可以玩一整天的新款电子产品等。很多家长还认为，幸福的童年包括参加一系列活动，如参加课外兴趣班，学习体操、芭蕾或戏剧表演，观看孩子的每一次演出，与孩子一同去看迪士尼电影等。有些家长认为澳大利亚的公立学校的教育质量不好，于是将孩子送进昂贵的私立学校，这些学校的费用可能超过他们的预算或需要他们每天长时间开车接送孩子上下学。

这些父母担心，如果孩子没能享受这些，他们的未来会受到影响，为了确保孩子的未来一切顺利，他们必须努力为孩子提供物质生活无比丰富的童年。遗憾的是，父母会因此背负沉重的经济负担。

过度关注孩子的情绪

如果你总是想讨别人欢心，你会不断地观察他们的神情、言行并判断他们的情绪，一旦他们过得不顺心，你就能一眼看穿并及时伸出援手。

这种过度关注会引起麻烦。如果你不断地寻找孩子身上可能存在的问题，比如当他们有些犹豫或感到不满时，你会化身心理学家，对他们的问题进行诊断，然后发现你的孩子存在焦虑、抑郁、低自尊、学习障碍等问题。一旦对孩子做出诊断，你会不断地寻找证据来验证自己的诊断，只要孩子做出无礼或不恰当的行为，你就会寻找其背后的心理原因。

现在的父母在面对孩子的不良行为时，会搜肠刮肚地寻找原因。不难看出，低自尊和抑郁常被视作问题行为的罪魁祸首，父母不愿意承认孩子不完美或只是暂时表现不好。更糟糕的是，有些父母常常会直接问孩子为什么做出这些行为，一些孩子也会利用父母的这一心理。

打个比方，当你的伴侣问你怎么没有把垃圾拿出去扔了时，你会说"因为我很懒"或"我知道你会做呀，我干吗还要做"；如果你有点"心机"，也可以改变一下话术，如"我都伺候你一整天了，把我累坏了"或"做完手术后，我的记性还是这么差"；你甚至可以倒打一耙，"呵呵，我是忘了扔垃圾，但我至少不会把婚礼录像带拿来录球赛"。

孩子也是这么机智。他们不会告诉你真实答案，比如告诉你"这么做（不良行为）让我很开心"或者"我现在情绪很低落"。他们会摆出一副可怜巴巴的样子，然后对你说"我这么做是因为我想奶奶了"或者"我在学校都没有什么朋友，所以才这么做的"，甚至会反击，"就是因为你不让我和我的朋友上同一所学校，我才这么做的"。

不管孩子对不良行为的解释有多么苍白，父母都乐于接受孩子的辩解或在孩子反唇相讥后感到愧疚。假以时日，一些孩子学会了用情绪借口来逃脱责任或寻求父母的关注，并学会把这种回答当"免死金牌"来用。

这种过度关注还会带来一个副作用。如果父母只是对孩子的问题做"诊断"，不做其他事，倒是没什么大碍。但是父母的"诊断"往往是不专业的，如果他们相信这种"诊断"并认为孩子存在情绪方面的问题，比如有焦虑、低自尊等问题，那么他们帮助孩子改善这些问题的做法则会让问题变得更严重。

**做孩子的"情绪调节器"无法帮助孩子，
应培养孩子独立应对问题的能力。**

当父母完全以解读和改善孩子的情绪为中心时，孩子发现自己不必动手就能得到父母的关注，生活也会再次美好起来，他只需要轻轻皱一下眉头、轻叹一口气、踢一下墙，父母便会立刻帮他们摆平一切。甚至有时连这种表示都不需要，孩子只需要对着泰迪熊玩具轻轻一指，父母就会立刻将玩具拿过来；只须皱下眉头，父母就会送上冰淇淋；摔一下书，父母就会帮他们把作业做了。

父母这样做不筋疲力尽才怪，毕竟不断地解读和满足孩子的需要是非常耗神的。不过，我要告诉你的是，孩子的情况可就不同了，对他们来说，这种生活简直不要太惬意了。

对孩子过度信任

有极端回应问题的父母对孩子的每一句话都是这种反应："我相信你！"

没错，我相信孩子说的大部分事情是可信的，我也能理解你想尽可能地支持孩子的决心。我也不喜欢说煞风景的话，但我还是要说——并非孩子所说的每一件事都是正确无误的。孩子的记忆并不稳定，他们的想象力丰富，这使得他们非常善于玩"假装游戏"。他们说的话也不一定完全可靠，年幼的孩子比较以自我为中心，不善于站在别人的角度看问题（有些成年人也是这样的），他们容易从狭隘的、只对自己有利的角度看待并描述事情。

不仅如此，他们有时还会说谎，但这并不代表他们就是坏孩子。孩子很聪明，他们清楚说实话的后果，为了让结果对自己更有利，他们可能会稍稍调整表述方式。比如，他们会说，自己也不知道为什么就被老师留堂了，老师可能是故意这么做的。

父母多多少少会袒护自己的孩子，他们总是倾向于相信自己的孩子，但这种做法可能让一些无辜的人背锅，尤其是当父母非常想让孩子高兴时。如果你告诉一个总是选择相信自己的孩子并乐于让孩子开心的父母，他的孩子和别人产生了矛盾（假设双方都有责任），他可能认为是老师、孩子的朋友或朋友父母的问题并迁怒于他们。这种做法无法让孩子掌握一些重要的人际交往技能，比如学会妥协、勇于承担责任和发展解决冲突的能力等。

父母对孩子过度信任还可能导致一个问题，他们容易对孩子遭遇的一些微不足道的困难或不公平对待反应过度。

> **如果父母总认为孩子是受害者，
> 孩子自己也会渐渐认同这一看法。**

如果孩子总认为自己没错，错的是其他人，他们会萌生"自己是受害者"的心理，觉得自己的生活很痛苦。更麻烦的是，这种受害者心理一旦形成便很难摆脱。

做孩子的密友

读到这里，你可能会说："上面这些描述不就是溺爱型的养育方式吗？"上面说的这些父母看起来需要给孩子设定更多的规则，或是让孩子学会承担自己行为造成的后果，而不是随便找借口开脱，但这种养育方式与溺爱型养育还是不同的。溺爱型父母对孩子只有回应，没有要求或期望，我刚才描述的这种父母，他们不仅给孩子极端的回应，还期望孩子反过来给予其同样的回应，这种父母不仅期望和孩子形成良好的亲子关系，还期望孩子可以做他们的密友。

这种类型的父母常常期望孩子能与自己非常亲密、信赖自己，将自己视为密友。他们期望青春期的孩子回家后可以事无巨细地与他们分享校园生活的细节，如果孩子不在身边，他们会通过电话、短信甚至其他社交软件联系孩子。如今，青少年在课桌下忙着给父母回复信息，大学生在课堂上和妈妈打电话聊天等现象并不少见。

现在很流行将孩子描绘为朋友或伙伴，并且这样还被视为一种好的养育方式。在某些情况下，父母甚至宣称孩子就是他们最好的朋友，这种现象尤其容易发生在母女之间，也可能发生在父子、父女或母子之间。

但这种亲子关系是有问题的，朋友是你可以倾诉一切的对象，是在你困难时给你安慰和支持的人。父母想和孩子成为好朋友需要做到以下两点：第一，在孩子难过时，父母要拥抱孩子；第二，在父母难过时，孩子也要安慰父母，这会给孩子带来很大压力。

当父母和孩子成为朋友时，他们会把自己放在一个很尴尬的位置，因为朋友是会支持和赞成另一方的选择的（当然，好朋友的建议和反馈我们不见得全盘接受，我也正计划就这个主题再写一本书）。如果父母是孩子的朋友，则意味着他们需要同意孩子所说的一切，而且需要对孩子的行为和选择保持一种很"酷"的态度。假如孩子和父母分享了一些让父母感到不安的信息，父母为了能够继续与孩子做朋友，可能不得不容忍或赞成孩子的行为。父母为了让孩子觉得他们很酷并将他们视为伙伴，甚至允许孩子提前做一些他们等达到法定年龄时才能做的行为，比如喝酒等。

**假如父母和孩子成了朋友，
他们想反对孩子的选择就变得很困难了。**

在工作场合，你有没有过从同事关系变为上下级关系的经历？当你面对从前的同事，打算训斥或指正他们时，是不是会感到有点为难？如果父母就是孩子的朋友，也会面临同样的难题，他们将难以管教孩子。有些父母为了省事，干脆放弃了对孩子的管教。

父母与孩子做好朋友还会产生其他问题。在临床实践中，我发现如果一个正值青春期的年轻人说父母是自己的朋友，意味着他们之间存在很多有待解决的问题。

一般情况下，随着孩子逐渐长大，有些事情更适合与朋友而非父母分享。有些事情对父母保密是很正常的，在孩子进入亲密关系后更是如此，我发现当那些把父母视为密友的来访者在无法与父母分享一些难以启齿的信息时，他们会感到愧疚。

和父母成为密友还可能阻碍孩子的成长。一个孩子要想独立就需要从亲密的亲子关系中脱离出来，自行做出抉择并行动，但如果他们和父母是密友，将很难做到这一点。

> 莉迪娅（Lydia）只有20岁，但她看起来心事重重。她找我进行心理咨询，她对上大学很焦虑。随着咨询的推进，我发现她对上大学感到焦虑只是一种表象，背后还有其他原因。莉迪娅将自己描述为"世界上最棒的妈妈的独生女"。她的母亲是她最好的朋友，她对母亲知无不言，莉迪娅父母的婚姻于10年前结束，母亲觉得一切都是由父亲的背叛导致的，莉迪娅为了表示对母亲的支持，不怎么与父亲见面。最近，莉迪娅获得了一个重要的实习机会，她计划明年去国外学习一个学期。但是她的母亲常常在她面前说"如果我的好朋友走了，我会多么孤单"之类的话。莉迪娅告诉我，她的母亲不喜欢她经常外出，导致她周末都不怎么与大学的朋友见面，她大部分的时间都与母亲待在一起。当我试图与她讨论母女关系中她真正需要承担的责任时，她却只想聊她的母亲为她做出的牺牲及她对母亲的责任。最后莉迪娅决定不去国外实习，因为她觉得自己到时会很想念母亲。

当儿童或青少年把父母当成好友后，他们就没有多少空间留给真正的朋友了，后果就是他们没有同龄朋友。这种好友式的亲子关系实则是不对等的，孩子在这种关系中得到了更多的关注和安慰，而这有可能阻碍他们发展互惠精神，削弱他们体谅他人的能力。讽刺的是，这些孩子由于比较自私，以自我为中心或在聊天中表现得很强势，通常很难与同龄人成为朋友，这样，他们又不得不继续依赖父母这一"朋友"。不仅如此，父母甚至阻碍孩子与同龄人交往或恋爱，他们认为孩子有可能信任或亲近他人，这样他们也将失去孩子这个"朋友"。

和孩子成为密友对父母而言同样不利，孩子通常无法与父母相互支持，而且父母也可能因此忽略了与同龄人的社交。

父母要求孩子给予自己相应的回应的最大问题是，孩子会反过来利用父母的这种情感需要控制父母。

当父母依赖孩子给予温暖时，

聪明的孩子将很快学会如何控制父母。

众所周知，甚至是 3 岁的小孩也能操控他人。当你做得不符合他们的心意时，他们就会说"我不要和你做朋友"，到了青春期，他们会说"我讨厌你"。如果你是比较自信的父母，可能一笑而过："我是理性且有爱心的成年人，所以有些事情必须我说了算。我的孩子不喜欢我的决定，所以他们不喜欢我。"但如果你是想讨孩子欢心的父母，你会感到很痛苦。如果父母确实很酷或被孩子认可，这种事情或许不会发生，但遗憾的是，假如父母真有这么酷，那么他们就只能寄希望于孩子自己有能力进行理智抉择。

如果孩子无法做出理智的抉择，那么亲子关系将陷入困境。

极端要求

给予孩子极端回应看似完美：孩子拥有父母全部的关注，可以参加丰富多彩的活动，总是感到快乐，这些孩子的童年应该是完美的吧？

不一定。

当父母费尽心思让孩子成功、开心时，他们无形中为孩子制造了一种压力，就是孩子一定要成功或快乐。如果父母牺牲自己的周末陪孩子玩，那么孩子岂不是一定要玩得开心、快乐，要不然怎么对得起父母的牺牲？

当父母节衣缩食给孩子报了滑冰课时，孩子会感到自己需要认真投入练习，并让父母觉得他们的投入是有回报的（比如成为奥运冠军），父母对孩子的极端回应常常伴随着期望孩子一定要快乐或必须成功等极端要求（见图2-2）。

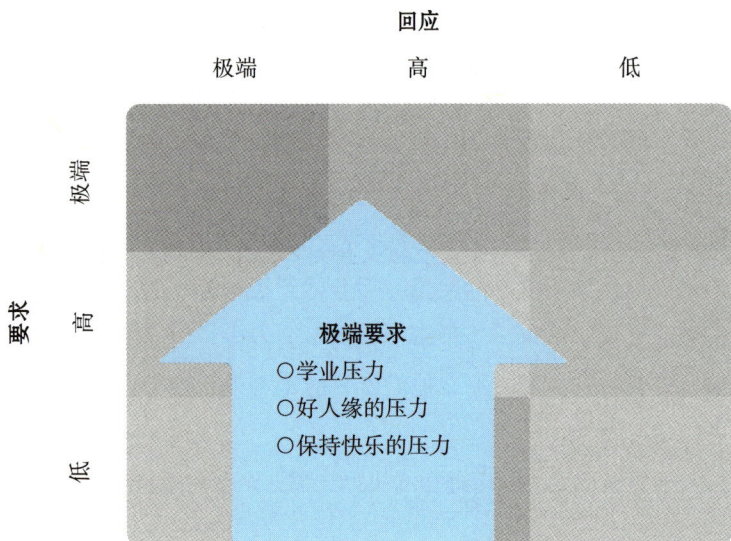

回应

极端　　　高　　　低

要求

极端

高

低

极端要求
○学业压力
○好人缘的压力
○保持快乐的压力

图2-2　极端要求的三种表现形式

资料来源：Locke，Campbell，& Kavanagh，2012.

下面我来解释一下父母对孩子的极端回应和极端要求是如何相伴相随的。

学业压力

父母对孩子学业方面的回应和要求是最明显的。我在私立和公立学校都曾任职，见过太多父母期望孩子每一门功课都要取得好成绩，期望其进入顶级运动队，成为戏剧的主角，成为最受欢迎的学生等情况……有的父母甚至期望孩子同时达到以上所有要求。

这些父母把对孩子的高要求等同于爱孩子。他们认为好的养育方式就是要求孩子一直表现优秀，假如父母接受了孩子的普通，则意味着他们不相信孩子，关注孩子是否成功才是真的关心和爱护孩子的表现。如果父母能够接受孩子的成绩不理想，或者没有在运动队、戏剧团取得一席之地，他们可能被视为不称职的父母。

这种高期望比较复杂。在某些方面，父母对孩子有期望并非完全是父母的错，学校也知道父母大都想让自己的孩子成功，也正因为如此，学校开始采用一些迎合这类父母需要的广告说辞，我们可以看看这些私立学校的广告词。

"××学校的宗旨是培养自信、有责任感的成功学生。"

"每个学生都是独一无二的，我们欣赏并培养他们独特的天赋和兴趣，我们鼓励并支持他们的目标和理想。"

父母期望自己的孩子得到优待，学校能够帮助孩子发挥潜能，变得自信，毫无疑问，这些广告迎合了父母的期望。但是这些广告其实是在向父母传递一种暗示：只要培养得当，所有的孩子都可以成为人中龙凤。父母只有让孩子在这种学校接受教育，他们的孩子才有可能成功。如果孩子确实天资聪颖，这倒也没有什么问题，如果孩子缺乏天赋，这些鬼话就不一定可信了。

我们在讨论孩子的成就时不得不提到钟形曲线。个人的任一技能或能力基本上都呈钟形曲线形态分布，即任何事情都是正态分布的。比如数学能力，如果我们把学校某个班级中所有人的数学成绩按从高到低、从 A 到 E 的等级顺序进行排列，大部分人会落在中间 C 的位置上，较少的人位于 B 或 D，更少的人位于 A 或 E，孩子的数学成绩也代表了他们对数学的看法（见图 2-3）。假如学校只给出了 A、B、C 三等，大部分学生也会落在中间 B 的位置上，只有少部分学生会位于 A 或 C。

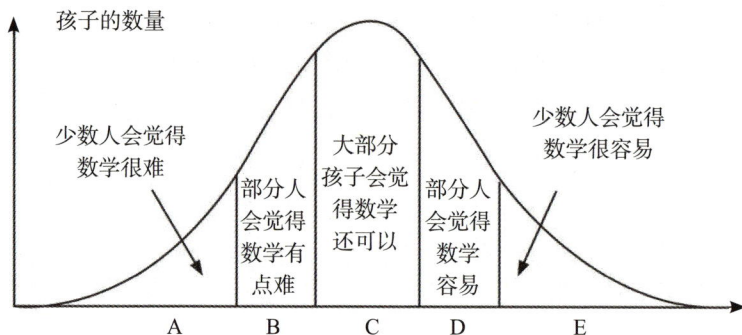

孩子的数量

少数人会觉得
数学很难

部分人会觉得数学有点难

大部分孩子会觉得数学还可以

部分人会觉得数学容易

少数人会觉得
数学很容易

A　　B　　C　　D　　E

图 2-3　数学成绩等级分布图及孩子对数学的看法

理想的教育是与孩子的天赋水平相匹配的，也就是帮助孩子达到他们的智力和动机所能达到的最高水平。但是有的父母却认为，只要把孩子送进好的学校，他们的孩子就会在学业和体育运动方面出人头地。很多人有这样一种心理，认为"努力 = 成功"，也就是越努力，成功的概率越大。

当学生获得好成绩时，学校会对此大肆宣传，当父母听到某所学校前几年学生的成绩非常好时，他们可能认为孩子能进这所学校学习就等同于能获得较高的学业成就。所以，他们会根据学校的排名决定让孩子上哪所学校，他们以为这么做就可以确保孩子获得成功。但是，一旦孩子没有取得好的成绩，这些父母就会抓狂，并且认为学校没有兑现承诺。

我觉得学校和父母都没有错。学校宣传学生获得好成绩是想表示他们为这些学生感到自豪，父母把孩子送进名校则是期望他们的孩子能获得与那些"明星学生"一样的成功。假如学校说真话（欢迎来到洛克学院，我们会全心全意地培养你的孩子，但不保证他们会成功），估计入学率会明显下滑。

父母想让孩子把握住每一个机会没有问题，但是如果你期望这些机会能够带来你所期望的结果，那么就会出问题。

父母对成功的渴望，
会让他们对孩子期望过高。

很多父母都对孩子寄予厚望，他们希望孩子至少在某些方面可以表现出色。从孩子小时候开始，父母就在社交平台上晒孩子，内容事无巨细，说孩子是"优秀的艺术家""真正的小演员""小小阅读者"，父母想通过这种方式提高孩子的自尊，然而这种做法会催生孩子对成功的渴求。为孩子的成功感到自豪无可厚非，但是如果父母过度夸大孩子的成就，那么将给孩子带来很大的压力。

这样，孩子很快明白，只要他们取得成功，就能获得父母的关注。但是压力也随之而来，因为他们被灌输了"相信你的梦想，相信你自己，你的梦想一定会实现的"之类的信念。我们不得不承认，并不是所有的努力都一定会获得成功，就像一些人不管怎么跑步、健身、节食和运动，都无法成为奥运冠军。有朝一日，当孩子发现自己的梦想无法实现时，这种鸡汤式鼓励就会将他们击垮。

有没有不努力也能取得好成绩的小孩？当然有，在现实生活中，有些人成绩处于上游，有些人处于下游，这些都是很正常的。

真正有爱的养育是接受孩子的长处与短处，而不是强迫他们出类拔萃。

好人缘的压力

大家都知道严厉的父母会要求孩子在运动和学业方面表现卓越。遗憾的是，现在的孩子还面临另一种压力：拥有好人缘，成为聚会中常被邀请的人，广交朋友。

很多家长找到我，要我和他们7岁的孩子聊聊。因为他们觉得自己的孩子好像没有什么朋友。有的学校告诉我，即使是一个非常小型的聚会，如果不邀请全班的同学都参加也将"天下大乱"，没被邀请的学生家长可能觉得聚会主办方是在针对自己的孩子。

每个孩子的交友能力不同，有的孩子需要较长时间才能学会如何社交，还有一些孩子不擅长社交，但是这并不意味着他们患有自闭症，他们只是更喜欢独处。社交能力也存在钟形曲线，不是每个孩子都是社交达人，在小学低年级中，很多孩子无法说出自己好朋友的名字，也没有明确的朋友圈，而且这种情况可能每天都在变化。

当父母特别在意孩子的人缘，并在孩子很小的时候就过分关注人缘问题时，可能就有麻烦了。在孩子上学第一天回家后，父母会急着问孩子"你交到新朋友了吗"，或者"你在吃午饭时，跟其他小朋友玩了吗"，如果孩子的回答是否定的，父母第二天会更加着急。他们可能心急如焚地上网查阅与交友无能或自闭症相关的资料，会忐忑不安地翻看孩子的书包，看看有没有聚会邀请函。很多父母甚至在午饭时间躲在树后窥视，看看他们的孩子有没有与其他小孩一起玩，这些父母还会亲自组织活动，希望帮助孩子建立朋友圈。这时，原来属于孩子的事情变成了父母的事情。父母越是这么做，则越给孩子一种他可能缺乏人际交往技能的心理暗示。

我甚至看到有的父母会当着孩子的面对我说他们的孩子没有朋友。如果孩子辩解称自己有朋友，他们会更直接地说："不，你没有朋友，没有真正的朋友。"他们怎么会这样和孩子交流？

父母过度关注孩子的交友情况会让一些敏感的孩子变得焦虑，并让他们以为自己真的存在交友方面的障碍，也可能导致一些孩子过度依赖父母帮助自己解决交友问题，忽视了发展自己的社交技能。

想象一下，如果每到周末就有人站在你房间门口问你，"有多少人给你打电话""有人邀请你参加聚会吗"，或者在星期一早上问你"你周末过得怎么样"，你不会焦虑吗？

如果你是一个 6 岁的孩子，在你发现你的回答不仅没有让父母放心，还令他们担惊受怕时，你会有什么感觉？

保持快乐的压力

除了上述压力，保持快乐对于当今的孩子来说，也成了一种压力。现在的孩子不仅被要求学习好、身体棒、人缘好，还被期望保持快乐——必须快乐。在当下环境中，我甚至怀疑有些孩子除了快乐什么都没有，而这是不正常的。

现在的孩子不仅要面对生活中的种种压力，还要处理父母的担忧。当他们对父母说自己不开心时，父母通常会感到失望；当他们为一场考试而担心时，父母会彻夜不眠；当他们因朋友没有邀请自己参加聚会而生气时，父母也会恼羞成怒。

11 岁的利亚姆（Liam）和他的妈妈找我做咨询。利亚姆的妈妈说利亚姆很难交到朋友，他缺乏交友自信。自从去年他的朋友转学后，他就没有什么可以一起玩的朋友了，虽然他有几个相识的朋友，但是没有固定的朋友圈。利亚姆的妈妈讲着讲着就哭了起来，她告诉我，她自己在年轻的时候也没有什么朋友。当我问利亚姆的时候，他告诉我，他的妈妈每天都要询问他在学校和朋友相处的情况，一旦他的回答不是妈妈想要的，妈妈的眼泪就会夺眶而出。因为这件事为母亲带来了苦恼，利亚姆下定决心，再也不把学校的情况告诉妈妈，其实利亚姆觉得学校里的事情根本就不是什么大事，他更在乎妈妈的心情。

我知道很多孩子会对父母有所隐瞒，如果他们向父母坦诚，父母可能比他们本人还难过。这些孩子总是对父母笑脸相迎，并掩盖自己的真实感受。

很多父母过度关注孩子的焦虑、悲伤或愤怒情绪，然而这些情绪都是正常且有益的，它们可以帮助孩子协调自己的生活。我们需要注意的是，要一直保持快乐是一件非常困难也非常容易带来压力的事，就像很多家庭会在度过欢快的圣诞节后，或者在主题乐园玩了一整天后开始吵架。因为在以上过程中，他们一直在努力表达爱、展示幸福并且不停地微笑，然而持续这样做会令人筋疲力尽。

痛苦、沮丧、伤心和挫折，
都是再正常不过的情绪，
也是我们丰富的情绪体验中的组成部分。

如果孩子没有经历过这些消极情绪，他们的心理弹性可能会比较差，直面困难和不顺能够培养孩子应对消极情绪的信心。父母需要允许孩子有挫败感，这样他们才能发展出应对挫败的技能。当然，我不是说父母可以长时间对孩子的消极情绪坐视不理，而是说，父母不必觉得自己有义务帮孩子处理这些消极情绪。

这是极端要求吗

前文我所谈到的期望都属于父母对孩子的极端要求，这些要求往往超过了孩子的能力水平。如果所有父母都期望孩子的成绩是 A，按照我们之前讲过的钟形曲线，估计有 80% 的父母的期待值过高了。如果所有家长都期望自己的孩子有奥运冠军一样的运动水准，在校级戏剧中担任主角，被所有的聚会邀请，对大多数孩子来说，就属于过高的期望。假如在正常情况下，快乐和悲伤的比例是 1∶1，甚至是 3∶1，但父母期望孩子一直快乐，就有些偏激、不现实，父母的这种期望还可能会对孩子造成某些伤害。这已经不是要求"尽你所能"了，而是"无人能及"，父母抱着这种期待，终将失望至极。

低要求

对于极端回应和极端要求的父母来说，当孩子没有像他们期望的那样成功和快乐时，他们会怎么办？

根据我的观察，他们会使出浑身解数帮助孩子，让孩子成功或快乐，只要孩子说今天不顺利，父母就会想方设法帮助他们。孩子一哭，他们就给孩子买冰淇淋吃；他们会帮青春期的孩子写作业，这样孩子就可以取得好成绩；他们每天都帮孩子收拾书包，这样孩子就不会落下泳衣或从图书馆借来的书；他们还会把孩子落下的东西送到学校；即使孩子已经 13 岁了，他们也会帮孩子安排聚会。

这类父母对孩子的成功有很高的期望。然而，这些成功是由父母而不是孩子本人创造的。

> 实际上，这些父母对孩子的要求很低，
> 这类孩子的成功靠的是父母的努力，
> 而不是他们本人。

这种高投入的养育方式就是大众媒体所说的过度养育，这类父母属于"直升机父母"或"割草机父母"。"直升机父母"指的是那种时刻"盘旋"在孩子头顶，在孩子遇到困难时会第一时间介入并伸出援手的父母；"割草机父母"则指习惯为孩子清除成功路上出现的所有阻碍的父母。

父母做这些事情是出于好心，但这样做会剥夺孩子凭自己努力取得成功的机会。他们对孩子的很多方面的要求都降低了，包括掌握重要技能，勇于面对困难或生活挑战等，低要求的表现形式如图 2-4 所示。

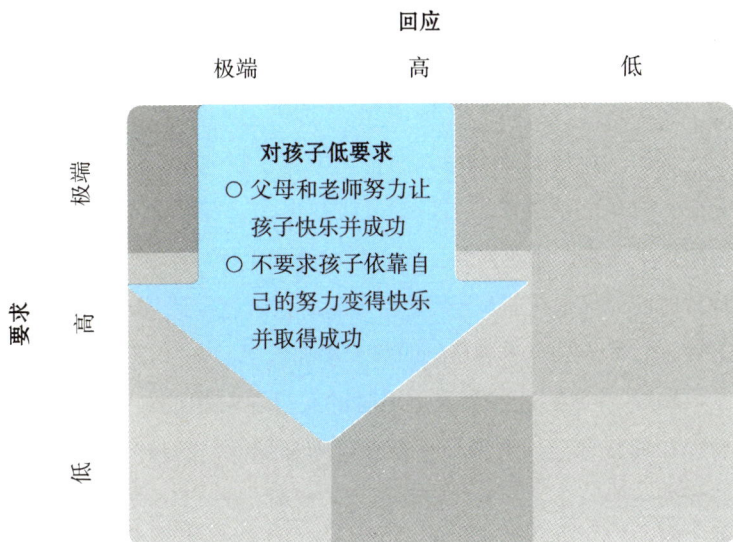

回应

| 极端 | 高 | 低 |

对孩子低要求

○ 父母和老师努力让
孩子快乐并成功

○ 不要求孩子依靠自
己的努力变得快乐
并取得成功

要求　极端　高　低

图 2-4　低要求的表现形式

资料来源：Locke，Campbell，& Kavanagh，2012.

　　我通过研究发现，这类父母在很多方面都会降低对孩子的要求。当孩子已经学会走路了，父母还会抱着他们或把他们放在婴儿车上；父母会帮 10 岁的孩子切食物；在 13 岁的孩子参加聚会时，父母会为挑食的他们单独准备食物；父母不放心 16 岁的孩子独自乘坐公共交通工具，会亲自开车接送；因为担心开车危险，父母不让已经成年的孩子考取驾照，等等。这种养育方式培养出来的孩子往往人格不够健全，他们中的一些人无法在正常的学校活动或在日常生活中照顾好自己。比如，有些孩子已经 8 岁了，却不知道洗完澡该怎么擦干身体，怎么梳头或铺床等，导致无法参加学校的夏令营。我发现，在我帮助过的一些大学生来访者中，有些学生即使已经搬出去住了，还是需要父母每天打电话来叫自己起床。

父母会利用所有资源来"帮助"孩子

很多父母还要求其他人对他们的孩子投入精力，确保孩子开心、快乐。这类父母可能给老师打电话，叫老师不要让青春期的孩子留堂；请求教练让孩子参加整场比赛；要求幼儿园的老师帮他们的孩子找朋友；甚至当谁家的孩子过生日时，他们会要求对方父母务必也邀请自己的孩子参加聚会。

2001 年我教过一个班，那时的父母比较相信老师的决策，而现在的父母会找到老师并要求老师确保他们的孩子可以取得好成绩。他们会要求老师修改孩子的成绩；威胁老师如果孩子没有入选球队，就会主动退学；想让老师同意让他们的孩子成为戏剧中的主角；给学校发邮件，要求学校取消课后留堂的惩罚；要求老师打开孩子的储物柜，这样他们就可以帮孩子还已经超过归还期限的书，等等。有的学校抱怨，一些父母会力争让他们的孩子在某一个班上课，甚至给学校打电话，要求学校用孩子喜欢的颜色粉刷教室。

我观看过我侄子的橄榄球比赛，场地上有一个标语："父母们，请记住——他们只是孩子，这只是游戏，我们期望你们的孩子玩得开心。教练是志愿者，裁判也是人，这不是贝勒蒂斯罗杯（Bledisloe Cup）橄榄球赛[①]。"可想而知，在没有这一标语之前，父母会如何干涉这项比赛！

---

① 新西兰的一项橄榄球比赛。

在找我做咨询的大学生中，有一些父母还帮孩子修改作业。有些大学老师告诉我，他们会接到家长的电话，他们请求说："你可以把我女儿的口头作业改为书面作业吗？她不擅长口头报告。"一位大学管理者告诉我，他们学校有一个大一新生的母亲想在学校里搭帐篷，并且想在开学的前两周和她18岁的孩子一起睡，她想通过这样的方式确保孩子能适应大学生活。每到开学第一天，很多大学都想方设法把一些父母赶出学校，因为他们想陪孩子上大学的第一堂课，帮助他们适应大学生活。

这种帮助甚至会延续到孩子大学毕业以后。一些公司经理告诉我，如果年轻员工没有晋升或接受了一些稍微严格的考核，他们的父母就会打电话来抱怨。

你可能觉得我是在开玩笑吧？稍后你就会看到这一切是怎么发生的。

有些小学在开学后很难要求家长离开教室，即便孩子已经长大成人，一些父母仍会坚持陪着孩子。稍后你会看到，这些看起来很不正常的行为在过度养育型父母的眼里是再正常不过的行为。

当孩子没有做好时，父母会觉得是别人的错。我已经记不清有多少次父母在来找我咨询时，把他们孩子的学习问题归咎于老师不称职，或者把孩子的行为问题归咎于孩子的朋友出了问题。这些父母认为，只要把孩子放在更理想的环境中，他们的孩子就一定会成功。道理虽然没错，但这种环境也只是暂时性的，父母必须确保孩子一生都生活在理想的环境中，而且需要跟着孩子上大学、工作，孩子走到哪里，父母便应跟到哪里，甚至跟着他们去另一个城市或者国家。

父母的过度帮助将让孩子无法独立面对问题、
接受现状并掌握解决困难的技能。

让别人为孩子的美好人生承担责任的做法，是无法促使孩子自己实现美好人生的，他们只会习惯这种一切由他人买单的生活。

如今很多父母认同这样一种观点，即父母通过努力和牺牲能为孩子换来一个完美的童年，请不要相信这种宣传，生活并不总是一路鲜花的，我会在下一章进一步解释这一观点。

第三章
盆景小孩

有的父母会竭尽全力保证孩子的成功和快乐，这种做法反过来也会限制孩子成长为自信、独立的成年人。我将那些受到这种限制性养育方式影响的孩子称为"盆景小孩"。

盆景是一种古老的培育微型树木的艺术，是种装饰家庭或庭院的艺术，不同种类的植物被人为地培育成微型景观，它们被种在很小的容器里，并经常被修剪，以确保能匹配相应的环境。

盆景艺术是相当复杂的，盆景很小，但人们养护这些树木要花费比将它们种在户外更多的时间，要使盆景保持微小和吸引人的形状也需要人们投入更多的精力。只有定期大量修剪新生长的枝条，才能确保树木保持美观的外形，也防止它们因长得太大而与环境格格不入。为了让盆景在有限的空间中保持美观的外形，人们需要修剪它的枝条或用铁丝缠绕为其塑形。虽然盆景看起来是一棵正常植物的形状，但是人们为了让盆景看起来更有韵味，比如更有沧桑感，会故意把它们的枝条弄折。

盆景的成长高度依赖主人的细心呵护，主人需要定期检查是否已浇水或施肥，经常换盆。它们太纤弱了，受不了极端的气候；它们的根系很浅，所以主人也要慎重考虑摆放位置；还有一些品种是不能被暴晒的。

盆景虽然美丽，但也只是个摆设。它们存在的意义只是为了彰显房子主人的情趣和品位。它们是被限制的，无法起到提供氧气、遮阳、美化自然环境、保护土壤和生态环境的作用。

你可以把盆景移植到户外，不过你要小心地把它们种植在能遮风挡雨的地方，因为它们已经适应了特定的环境。它们经常被修剪和塑形，即使被种植在户外，它们也没有办法长到正常的高度。此外，它们已经习惯了温室，很难抵抗风雨。

> **盆景小孩，就像盆景一样发育不良。**

过度养育方式下培养出来的孩子的情况和盆景非常相似。盆景小孩是被精心照料而成的，父母将持续关注他们的一切需要并直接为他们解决所有的问题。盆景小孩是被放在温室中养育的，他们不需要面对艰苦的自然环境。就像盆景不需要适应天气变化，盆景小孩也不需要学会适应不同的环境，他们的父母总是把他们保护得很好。

> **盆景小孩童年期的困难处境和失败的"枝条"都会被修剪掉，**
> **父母为了保证孩子是"完美的"，**
> **会立刻"剪除"他们的一切缺点。**

盆景小孩的生活早就被他们的父母规划好了，这些父母会精心"修剪"孩子周围的人与环境，确保一切对孩子来说都是最有利的。

　　盆景小孩习惯了父母无微不至的关心和照料。与一般的孩子相比，他们更难适应外面的世界。盆景小孩在离开家后，通常会感到无所适从，因为别人没有像父母那样满足他们的需要，他们不再是大家关注的焦点。已经习惯了接受高水平照顾的盆景小孩觉得，如果缺乏这种关心，他们将无法生存。如果遇到不适或困难，他们可能崩溃。

对盆景小孩来说，

任何方式的成长都会被限制，

他们将无法发挥出自己的潜能。

　　虽然深根或壮枝可以让盆景变得挺拔，但这些不是人们培育盆景的目的。同样，困境可以让孩子变得更坚强，变得坚强是一种冒险，虽然有困境的童年不是完美的童年，但在克服困难后培养出的坚毅品质可以使孩子更好地适应环境。

　　虽然盆景看起来很像真树，但它们只是一些微型复制品，它们的成长模式和一般树木的自然成长模式是不一样的。非常讽刺的是，这种力图让它们保持微型的努力会让它们失去成长为一棵真正有用的树木的可能性。它们被困在容器里，尽管漂亮，它们纤弱的枝干和浅薄的根系也导致它们只能依赖其他人生存。

　　盆景小孩也是如此。他们的童年被修剪出"完美的"造型，导致他们只有依赖他人的照料和保护才能保持一个完美的形状。

盆景小孩无法为这个世界做出贡献，

因为他们没有机会或从未被

要求掌握各种技能。

　　虽然盆景小孩的童年看上去完美，但那终归是其空虚人生的开端。这样的童年无法让孩子发展出应对生活的能力，也限制了孩子自己潜能的发挥。

第四章
盆景式养育的后果

在咨询中，我接触了很多盆景式养育案例，接下来我会介绍这种养育方式将带来哪些后果。

在现实生活中，盆景小孩会出现一系列问题，比如生活自理能力差、心理弹性差、易焦虑、依赖性强，以及存在不良行为问题等。

生活自理能力差

当父母一直不断地满足孩子的需要，每天帮他们整理书包、开车接送他们、帮助孩子解决问题时，孩子将无法学会生活所需的技能；如果父母什么都帮孩子记，孩子也将无法发展出工作记忆 ①。如果父母事无巨细地照顾孩子，孩子将无法学会生存技能，也没有能力解决困难。

---

① 工作记忆是一种对信息进行暂时加工和储存的容量有限的记忆系统，在许多复杂的认知活动中起到重要作用。

大人的过度帮助会导致孩子不愿意学习或掌握有用的技能。有研究显示，如果父母为孩子做得太多，孩子是无法发展自主性的。我的咨询经验也支持这些发现。如果父母竭尽所能地想帮助孩子获得学业上的成功，那么孩子就没有什么学习的动机，甚至当成绩不好时，他们还有可能责怪父母或学校。

我的很多年轻来访者总是期望别人可以帮助他们解决问题。这不能怪他们，如果他们的生活模式一直是这样的，这种期望便是合理的。就好比你的伴侣原来每天都会给你送礼物，突然有一天他没有送，你会有什么感受？你会不会因为他这次没有送礼物而感到生气？

同样，如果盆景小孩已经习惯了由父母帮他们解决一切问题，他们就没有自行解决问题的需要了。遗憾的是，这会让他们变得很被动，对他人有很强的依赖性，并且无法适应生活的变化。

心理弹性差

如果孩子无法应对生活中的种种状况，他们将无法掌握并应对生活中的各种挑战。如果生活得顺遂，那么他们将很满意，但是这种满意是仰仗不断的成功和由他人满足需要的模式的。

我看到不少年轻人只是因为事情做得不够完美就抑郁了，这是因为他们的父母曾努力帮他们摆平所有事情，导致他们的心理弹性从小就没有得到发展。盆景小孩缺乏面对挫折的机会，也没有意识到他们凭自己也可以战胜挫折。

父母总是保证盆景小孩被公平对待，导致这些孩子期望这个世界是公平而美好的。由于他们已经习惯了这种美好的环境，一旦遇到不顺心的事，他们就会觉得深受打击，并且难以从打击中恢复过来。

父母给盆景小孩提供的帮助还可能造成另一个令人不安的结果。

过度的帮助可能向孩子暗示他们既需要这种支持，也缺乏自己解决问题的能力。

如果父母过度帮助孩子完成作业，孩子就会以为自己无法独自完成作业，父母对孩子在生活方面提供过度的帮助，也会让他们以为自己无法独自生活。更麻烦的是，父母的过度帮助会让盆景小孩以为：他们的幸福取决于他人，而非自己。假以时日，父母的这种过度帮助反而会令孩子感到无助。

焦虑和完美主义

焦虑这种心理健康问题越来越受到广泛的关注。我认为焦虑不完全是由盆景式养育导致的，当今的各种养育选择也会制造焦虑。但是盆景式养育会造成很多相关后果：过度关注孩子的成功会增加孩子获取成功的压力；夸他们好看会增加他们保持外在形象的压力。在盆景小孩生活的某些时期，如果父母过度关注或肯定孩子的某些特质，那么孩子也会过度重视这些品质，这种过度重视有时会让孩子自我怀疑。比如，如果父母总是夸孩子长得好看，万一孩子对自己的长相不自信，他们会比一般人更痛苦，因为他们会觉得长得好看比什么都重要。相反，如果父母不是那么在乎孩子的长相，这些孩子也就不大会在乎自己的长相。当他们发现自己长相普通或发型不好看时，也就不会过于苦恼，更有可能对此一笑而过，因为对他们来说，长得好看并不一定是他们必须具备的品质。

对孩子的表扬并不总是有百利而无一害的。设想一下，如果你的同事总是赞扬你的穿着打扮，比如你总是能够完美挑选与套装搭配的领带，或者你每天的衣服搭配得非常时髦。他们这么说是不错，但是当你第二天站在衣柜前时，是不是很有压力？假如某天你出现在他们面前，他们并没有赞美你的着装搭配，你会不会怀疑他们觉得你今天的打扮有失水准？你是否会为此感到难过？次日你是不是会在搭配着装上花费更多心思？

久而久之，表扬，尤其是言过其实的表扬，容易变成一种负担。

成为大家的掌上明珠并不能帮助我们缓解焦虑，当所有人都在注意你时，你会很在意自己的表现，即使无足轻重的小错误也可能令你耿耿于怀。父母的善意养育有时在孩子的身上会起反作用。如果盆景小孩向父母诉说自己的失败，他们的父母可能否认事实。比如孩子在运动比赛上表现不好，他的父母可能会说，"不，亲爱的，你很棒，你是参赛者中表现最好的"，父母的这种话并不能反映孩子的真实水平。我能理解他们想通过这种肯定提升孩子的自信，但是孩子总有一天会知道他们说的是假话，那时孩子只会更加怀疑自己。

更重要的是，如果父母否认了孩子缺乏某方面能力的事实，会向孩子暗示，父母无法接受他们在这方面的不足。假如我对父母说"我的头发是深褐色的"，但他们反驳说"不，你有着漂亮的金发"，他们是在暗示我，他们不喜欢深褐色的头发。如果父母否认事实，说明他们无法接受事实，现在我们知道了为什么试图帮助孩子建立自信的不实表扬是没有用的，这种言过其实或彻头彻尾的谎言会让孩子担心自己缺乏父母所看重的品质（比如不是金发）。

　　父母的过度帮助也会打击孩子的自信心。大多数盆景小孩过去已经得到了过多帮助，当他们开始努力时，他们取得的成就与之前的相比就显得苍白许多，尤其在过去父母经常表扬他们的情况下更是如此。这些孩子会陷入注定失败的困境，他们的父母也常常经受同样的困扰。

　　我认为完美主义，即期望完美，伴随着高焦虑和对细微错误的苛责，也是导致青少年及成人有心理问题的重要因素。父母对孩子成功的过度关注，或者无法接受失败、否认孩子平庸的做法，会让孩子出现完美主义倾向。

产生特权感

　　如果你的全家人都围着你转，你的每句话都是"圣旨"，他们费尽心思讨你欢心，可想而知，你可能真的开始以为自己很特别。这虽然不是什么大问题，但是我发现父母对盆景小孩过度的爱会无意间让孩子产生特权感。

　　所谓特权感，就是认为所有人都应该按照你期望的方式对待你，要把你的需要放在第一位。如果家里人过度关注孩子，全家人都围着孩子转，费尽心思讨孩子欢心，并且在养育孩子的过程中过度自我牺牲，那么孩子就容易产生特权感，并且会觉得这些都是理所当然的。

　　在孩子刚出生的几个月里，父母确实要不停地围着孩子转，他们将彻夜难眠，无法外出享受生活。但是，在孩子长大后，父母慢慢地会重获家中的地位和控制权，比如决定吃什么、周末如何度过、看什么节目、去哪里度假等，如果孩子没有学会妥协，他们就会产生特权感。这种特权感会使一些青少年产生心理问题，比如无法交友、脾气很差、容易和权威人士发生冲突，自我调节能力差等。

自恋

盆景小孩通常很自恋。这种自恋的形成有两方面的原因：一是父母不断表扬孩子的"天赋"；二是父母将孩子的失败归咎于别人或孩子受到了不平等对待。由于孩子无法意识到自己的成功其实源自父母的努力，他们以为自己真的天赋异禀。父母言过其实的表扬可能会让孩子认为自己就是世界级歌唱家或舞蹈家，这种信念很多是不准确的，当孩子参加电视才艺表演或选秀节目时，便会被现实打击。

当一个孩子很自恋时，他们通常很难接受真实的反馈，因为他们对自己的才华十分自信，以至于他们对异议充耳不闻。自恋的孩子常常听不进任何建设性意见，他们会认为这种批评太严厉，又或者感到无比痛苦，因为他们只喜欢听赞美。正因如此，他们往往无法改变自己，也无法实现真正的梦想。

过度依赖他人

自我膨胀的盆景小孩在生活中往往特别依赖他人。他们需要被持续地鼓励和表扬才会自我感觉良好，这导致他们在关系中很黏人，这种依赖会削弱他们的独立性和心理弹性。

不过分依赖他人的人更能客观地评价人际关系，他们通常更善于从整体上评价一个人，即根据他人怎么对待自己进行评估，而不是无视对方怎么对待自己，一味地依赖他。而那些需要他人持续关注和赞美的人，常常很轻易被卷入一段关系。即便这段关系对他们是有害的，他们也很难撤离，这会让他们付出更大的代价。

一个人对他人的病态依赖的代价，
就是他将无法发展或维持健康的关系。

我观察到一个令人担忧的现象。不少青少年很容易与善于操控人心并黏人的对象坠入情网，这种亲密关系的特点是两个人总是黏在一起，互相绵绵不断地发送信息，晒恩爱，花前月下山盟海誓。如果一方没有及时回复信息，或者按照另一方的期望行事，二人瞬间就会爆发激烈的争吵。

如果你了解这类人的成长经历，你就不会感到意外，这些人或许都曾经历盆景式养育。他们习惯于夸张的表扬，高度依赖他人。这类人需要经过他人长期的引导才能意识到，真正持久的关系是不能凭借情感操控、极端的个人牺牲或不断地"秀恩爱"来维持的。

情绪大过天

盆景小孩的父母为了保证孩子一直快乐，会过度关注孩子的情绪。这使得孩子也认识到自己应该时刻开心，只要有一丁点的不开心，父母就得非常关注他们。

> **因为情绪被过度关注，很多盆景小孩误认为，除了快乐，其他任何情绪都是不正常的。**

不顺的一天通常被认为是有问题的，闷闷不乐会被贴上抑郁的标签，任何不安都被视为焦虑；朋友之间的常见冲突则被定义为欺凌；孩子一不开心就要请假，孩子只要有一丁点的害羞，父母就会帮他们请假，不用参加游泳比赛等活动。

遗憾的是，似乎现在每个人都是业余心理学家，个体任何不舒服的征兆都会被贴上有心理问题的标签。总是把所有问题都归责于低自尊的做法并不会有什么帮助，如果父母给孩子贴上他们假想的标签，就会对孩子的问题行为不予惩戒。事实就是如此，很多家长（甚至老师）都会向孩子暗示，他们之所以会做出不好的行为，是因为他们存在心理问题，比如抑郁或焦虑。他们会说，"你踢我是因为你很想爸爸吗"或者"你为什么没有交作业，是不是又焦虑了"。

大人关注孩子的心理问题原本出于好意，他们只是想降低心理问题对孩子的潜在影响，但这种做法通常会弄巧成拙。尤其是对那些其实并无心理问题的孩子而言，父母的这一做法会成为他们逃脱责任的借口。父母将草率地给孩子贴上有心理问题的标签，遗憾的是，这样不仅无法促使孩子做出正确的行为，而且会让他们认为自己是受害者。孩子本来可以通过完成作业提升自尊，现在反而有了不做作业的借口，并因此无法取得真正的成就。久而久之，本来没有心理问题的孩子可能就真的产生心理问题了。

被过度治疗的孩子

过于重视孩子的快乐，可能导致家长和老师过度关注孩子短暂的消极情绪，心理咨询师和学校的心理老师常常会接触一些有轻微情绪障碍的孩子。

有效的心理治疗能够改善孩子的问题，并且教会孩子一些可以改善他们生活的技能；而无效的治疗只能给予他们支持性的开导。例如，来访者会在微不足道的问题上大做文章，试图获得咨询师的同情、一些可有可无的赞美、肯定或一些没有什么作用的建议，比如"试试这周跟父母好好相处"，无效治疗往往是冗长且徒劳的。

有严重心理问题的孩子确实需要长程治疗，但是很多长程治疗是没有必要的。遗憾的是，现在有一种被过度治疗的孩子，即使面对的是小问题，他们也需要获得专业帮助，以至于他们已经开始习惯这种支持。由于孩子和父母总是就一些小问题不断地求助于心理咨询师，使得治疗变得旷日持久。

被过度治疗的孩子相信，脱离了治疗或他人的特殊照顾，他们将无法面对外面的世界。接受长期治疗意味着他们的问题很严重，其实，很多来访者要比他们自己以为的强大很多。短期内，治疗对他们而言可能有作用，长远来看，治疗对改善他们的情绪和帮助他们适应环境而言并无大用。

不良行为

盆景小孩如果只是沉浸在父母的关心和照顾之中，可能不会出现什么大问题。遗憾的是，盆景小孩通常无法保持这种状态，父母的过度关心通常令他们欲求不满。

在帮助孩子做选择方面，盆景小孩的父母是再好不过的人选。他们爱孩子，期望孩子可以适应社会，而且父母的大脑比孩子更善于判断风险。实际上，父母对孩子进行引导的重要性不亚于给予孩子爱。

规范孩子的行为是父母的天职。

父母可以通过表扬、奖赏或惩戒（如罚站、做家务）等方式对孩子的行为进行管理。有时候表扬最有效，比如当父母要求孩子不要再用纸尿裤，要学会自己如厕时，表扬可能有用，但不是所有事情都可以通过表扬解决的。如果孩子不按常理行事或行为不当，则父母需要对孩子略施惩戒。

这种惩戒既可以帮助孩子清楚某些行为是不可为的，也可以促使他们不再做出类似的行为。久而久之，父母提供的这种外部监督会被孩子内化，他们可以进行积极的自我管理。

盆景小孩的父母善于表扬和奖励，但他们往往对惩戒束手无策。当今很多家长担心惩戒孩子会引发不良后果，不愿意惩戒孩子，或者只对孩子实施无效惩戒。

为什么一些父母无法惩戒孩子？

不执行惩戒的父母担心实施惩戒会让孩子立刻怨恨父母。对那些不忍心惩戒孩子的父母来说，即使让孩子罚站一小会儿，他们也备受煎熬。他们要么无法忍受孩子的愤怒或轻微的痛苦，要么相信这会对孩子造成伤害。不论是哪一种，对这些父母来说，惩戒孩子都太痛苦了，以至于他们无法实施有效惩戒。

当盆景小孩行为不当或违背父母的意愿时，父母会变得非常情绪化。他们常常不厌其烦地对孩子诉说自己如何失望和痛心。在诉苦的过程中，父母可能变得愤怒，我甚至见过一些"慈爱"的父母在痛诉孩子的过程中对其动粗。我认为导致这种问题的原因是，盆景式养育通常以情绪为主导，导致孩子在犯错之后，他们的父母也变得易怒。其实，很多孩子的大脑还没有发育成熟，他们很可能无法对自己的行为感到愧疚。如果父母发现了这一点，他们就会对孩子发飙，直到孩子的行为符合父母的期望为止。

> 有些父母认为自己很爱孩子，
> 因此，他们可以随意对孩子发飙。

这种暴风雨式的情绪对任何人来说都是噩梦，更不要说对涉世未深的孩子了。父母在冷静之后常常感到内疚，然后对孩子更好，他们往往陷入爱—牺牲—盛怒的恶性循环。

有些父母会对盆景小孩实施具体的惩戒措施，比如取消孩子的某项活动，但他们对此感到内疚。这类父母会和孩子吵架或惩罚孩子，事后他们又会花很大力气向孩子保证，他们是爱孩子的。有些父母干脆认为训斥孩子等同于不爱孩子。

我认为事实恰恰相反。

> 如果你养育孩子的目的是让他们时刻喜欢你，
> 那么你太自以为是了，这种养育终将毫无成效。

现在的社会存在一种奇怪的现象，所有人都想令他人感觉良好，而不在乎自己是否做得好，这种想法是不合理的。优秀的管理者所做的重要决策不一定令所有员工满意。体贴的伴侣为了改变另一半的不良行为，有时也会说些狠话，如果在亲密关系或工作场合中，什么事都以某个人为中心，代价便是忽视其他人的需求。

父母需要扮演很多角色，做个好人很重要，但是，偶尔对孩子严厉一些将更有利于他们的健康成长。

以上就是盆景式养育可能对孩子产生的影响。根据我的经验，这些影响不会以同样的方式在同一时期内出现，有时盆景式养育的进程十分顺利，孩子直到 10 岁、15 岁甚至 18 岁时，问题才会显露。有时，父母对盆景小孩的行为不知所措；有时，父母对他们已成年的孩子的无礼行为束手无策，这些已经成年的孩子通常和父母住在一起，并令他们的父母身陷困境。

在过去的十多年里，我帮助过各类人，如儿童、青少年、青年人、束手无策的父母，他们遇到的问题大多都是由盆景式养育导致的。我将在下一章介绍一些典型的盆景式养育场景中描述的问题。

第五章
盆景式养育的临床表现

盆景式养育是导致孩子出现心理或行为问题的根源之一，接下来我会介绍一些经典的场景，展示盆景式养育给孩子和父母带来的不良影响。

当来访者向我预约咨询并简要介绍了他们的情况后，如果他们期望咨询帮助他们解决某些特定的诉求，我猜他们的问题十有八九与盆景式养育有关，下面我会介绍一些情景，你可能对它们感到熟悉甚至自己就亲身经历过。

儿童和青少年问题

我们 4 岁的孩子阿龙（Aaron）正掌控着全家

这是儿童心理咨询师遇到的典型案例。这类问题可能从孩子出生之时就已经显露端倪，从出生起，这类孩子就顽固而倔强。早期，父母为了安抚孩子，会在一些小事上对孩子做出退让，比如同意给他们买巧克力，或者让孩子在公园多玩 10 分钟等，父母这么做可以轻松避免耗费时间与孩子讨价还价，但是长远来看，这种妥协并不会让父母的生活变得更轻松。

总是屈服于孩子的欲望，将无法让孩子学会自我控制或与他人相处。

在孩子还小的时候，父母的妥协还比较容易。随着孩子逐渐长大，他们的要求会越来越难以被满足，他们的父母也越来越难让他们听话。

父母虽然会竭尽所能地劝孩子做他们不想做的事情，但是往往需要讨价还价。父母只有给予奖励，比如买冰淇淋等，孩子才会穿上鞋子。父母以为这么做了，孩子便会听从自己的话。实际上，如果你有机会问孩子，他们为什么愿意穿鞋，他们可能说，因为有冰淇淋吃呀，而不是因为真心想听父母的话。

从长远来看，这种养育方式是有问题的。父母会遇到一些无法解决的问题，比如孩子不愿意上学，他们却无计可施。还有一种典型情况，就是全家都如履薄冰地围着一个"小霸王"转，竭尽全力安抚、满足这个孩子，一旦孩子的情绪不好，全家人都拿他没办法。如果这家人能够满足孩子的所有要求，尚能相安无事。但情况不会一直如此乐观，当有一天这个孩子提出要上马术私教课，而这一课程的费用超过了家庭的承受能力，又或者孩子要参加未达到法定年龄要求的聚会时，父母便不得不拒绝孩子的请求，此时，他们没有办法让孩子开心起来。

最终，盆景小孩一旦遇到不如意的事，就会变得暴虐、情绪化。

假如我可以早一些看到这种迹象，我给父母传递的信息将是乐观的。在孩子比较小时，我会教给父母一些有效指导孩子行为的方法，稍为年幼的孩子更容易适应这一调整。

遗憾的是，有些父母已经忍受这种行为很长时间了，等到他们来找我解决问题时，他们的孩子已经迈入青春期或已经快大学毕业了。虽然我还是可以帮助这些父母，但是工作起来非常困难，改变也并非那么容易。此时的孩子就像一盆发育不良的盆景，期望所有人都一辈子把他们当公主或者皇帝来对待，这使得他们很难适应职场并建立亲密关系。改变还是有可能的，但是需要父母投入巨大的心力和精力，并且需要孩子本人有强烈的改变动机，不仅如此，孩子也要有意志力去调整自己的期望。

14 岁的汉娜（Hannah）总是不满，还对我们口出恶言

这个问题和上面的问题是有关联的，小学高年级到大学阶段的孩子都有可能出现这种情况。我甚至见过 4 岁的孩子说自己的母亲是一个丑八怪，或者当着父亲的面说"讨厌爸爸"等。这些小孩简直是恶魔：他们欺负兄弟姐妹、霸凌他人，还误认为家人不够爱他们。

愤怒不是他们表达的唯一极端情绪。这些孩子通常在发飙后还会大肆控诉自己的"血泪史"。他们可能号啕大哭，抱怨父母不再是自己最好的朋友，说自己抑郁、孤独、没有朋友，甚至还会自我伤害。然后，又突然变得无比亲切，给父母写道歉信，说自己如何爱父母并为自己的糟糕表现感到内疚。这种先发火后道歉的循环模式可能反复出现。

盆景小孩尤其容易形成这种模式。他们已经习惯了随心所

欲，易对大人的教导丧失耐心，也容易发怒并变得更具有攻击性，情绪爆发后又常常懊恼。盆景小孩的父母害怕孩子会突然爆发、痛哭，为了不加剧孩子的痛苦，他们不会惩戒孩子的不良行为。但是这种做法通常让孩子变本加厉，并且会形成恶性循环。

在这种情景下，父母常常认为孩子的问题是抑郁或焦虑，并有可能带他们去看心理咨询师。如果孩子既有攻击行为，又有抑郁或焦虑等心理问题，带他们进行心理咨询可能没有什么用。因为在咨询室里，孩子们只会讨论自己的抑郁或焦虑问题，不讨论行为问题，比如对父母态度恶劣，对家人态度恶劣甚至暴力相向等。这样，咨询师也可能认为孩子只存在抑郁或焦虑问题，这类问题小孩自己也知道自己有心理问题，但是没有接受可以有效改善自身攻击行为的心理治疗，导致他们的父母在与他们相处时，处境更加艰难。父母不仅要应对孩子的抑郁或焦虑问题，还要持续面对孩子的恶言恶语，这会使整个家庭陷入水深火热之中。

> **无论孩子出现何种形式的攻击行为，
> 父母都需要参与治疗。**

12 岁以下的孩子无法学会自我控制，也无法在冲动时进行自我控制，父母需要学习如何管理孩子的情绪化行为，并帮助孩子学会自我控制。这样可以帮助孩子改善心境，同时让他们学会采取不影响家庭幸福的方式行事，这对孩子和家人而言都是有益的。不过盆景小孩的父母在这么做之前，需要重新树立自己的威信，并且要足够自信，而这也需要一定的时间。

当我 12 岁大的孩子——伊芙（Eve）的作文没有得 A+ 时，她会控制不住地号啕大哭

很多父母向我讲他们担心孩子、害怕出错，并期望一切都是完美的，这些孩子或青少年不愿意尝试新鲜事物或他们不是很擅长的事情，他们可能天生就是敏感或易焦虑体质。不过焦虑常常是由先天、后天因素共同引发的，所以我们也可以认为，有时出于善意的养育方式会无意间助长孩子的焦虑情绪。

一个典型的模式是，如果父母坚信孩子天生敏感，需要很多安慰才能面对生活（这种信念有可能是正确的），那么他们就会试图通过表扬孩子、安慰孩子并提供幕后帮助等方式来保证孩子的成功。其实父母的这种行为会无意间助长孩子的焦虑情绪：父母过分看重孩子的成功会让孩子有追求成功的压力，父母的帮助可能暗示孩子无法独立完成任务，而且父母的帮助会让孩子习惯不劳而获。即使没有遇到什么困难，偶尔的不顺也会令孩子们不知所措。

在没有见到孩子本人的情况下，我通常会观察 13~14 岁孩子的父母并帮助他们调整这种盆景式养育方式，这样就可以帮助他们改善以上问题。如果我接诊的是一个焦虑或有完美主义倾向的孩子，我需要他们的父母加入，这样才能够保证父母的养育方式能真正有效地帮助孩子克服焦虑，我也向他们的父母保证，他们可以学会如何与孩子共处并帮助孩子应对困难。

我们 16 岁的儿子埃文（Evan）终日独自一人待在屋里，不愿意和我们说话

我接诊的儿童或青少年抑郁症常常是由完美主义或缺乏心理弹性所导致的，父母出于好意的养育方式往往导致情况雪上加霜，因为孩子没有机会做一些真正有意义的事情，比如为家庭做一些贡献、共同分担家务并积极生活等，而这些恰恰是能够让他们真正感受到自我价值的事。

有些孩子天生有抑郁倾向，如果父母鼓励孩子封闭自己，而不是引导他们克服生活困难，孩子的焦虑和抑郁问题将被放大。很多盆景小孩的父母允许孩子想怎么过就怎么过，也不会要求孩子参加家庭聚会和家庭活动。如果父母允许孩子与社会隔离，孩子轻微的情绪问题可能演变成严重的情绪障碍。

我们9岁的儿子阿尔琼（Arjun）不上学，考试成绩也不及格

这种情况常见于8 ~ 10岁的孩子，但也会发生在高中生身上。父母来找我做咨询的原因通常是他们的孩子不做作业，或者只有在威逼利诱下才勉强完成作业，这使得孩子的学习成绩下滑得很厉害，父母为了保住孩子的成绩，甚至会帮助孩子完成作业。

在评估孩子的问题之前，我会先了解孩子的成长史及过去完成作业的情况，如果孩子之前学习认真、积极，是后来才变成这样的，我会关注他们的情绪。通常说来，如果我们之前很享受做某件事，现在却丧失了兴趣，那么有可能出现了情绪障碍，我倾向于先给孩子做一下有关抑郁方面的评估。

虽然抑郁可能是一个影响因素，但我发现更直接的诱因往往来自家庭，盆景小孩的父母通常过度重视孩子的学习表现。他们热切地期望孩子表现优秀，因此投入大量的时间帮助孩子做作业。比如每晚提醒他们做作业，帮助他们完成每一项作业，在孩子自己订正错误之前帮他们订正好，提醒孩子把作业带回学校，甚至当孩子忘记带作业时，父母会把作业送到学校。这

些父母常常比孩子更清楚他们的课程表，有时还会替孩子用不同的颜色在日历上做标记，做一些学习、锻炼、课外班计划，他们期望通过这种做法令孩子生活规律，使孩子能够及时完成学习任务。

这是一个与动机有关的有趣现象。

如果周围的人可以帮你搞定一切事情，你将不会有动力。

当父母乐于帮孩子承担学习责任，孩子当然可以舒服地袖手旁观。盆景小孩通常无须努力，他们的父母渴望他们有一个良好的表现，也愿意为了他们做任何事情。有趣的是，父母有时也会要求孩子自己努力并威胁称自己将不再帮助他们。但是盆景小孩不是那么好骗的，他们知道父母渴望自己成功，恐吓只是一个小把戏，父母还是会在最后一刻插手并帮助他们完成作业。

这是盆景小孩家庭经常出现的两种情形：一是父母期望孩子认真完成作业，当孩子没法完成时，父母会插手帮忙完成；二是父母完全不管，孩子的学习开始出现问题。在这两种情形下，父母都无法让孩子学会主动完成作业。由于父母的过度帮忙，盆景小孩不会觉得做作业是自己的责任，学业早已变成父母的事，他们甚至没有改变现状的理由。

我们 18 岁的孩子黛西（Daisy）已从大学退学，每天都窝在沙发上

有时，盆景式养育的最终结果并不理想，父母会给我打电话，表示绝望且束手无策。他们的孩子也曾是"可爱的孩子"，他们与孩子的亲子关系也很好，他们会给孩子提供良好的教育，当孩子在中学变得蛮不讲理、成绩开始下滑或生活变得没有规律时，事情变得严重起来。一般情况下，这种孩子在父母、老师的帮助下，还是会考上一所不错的大学。

当这些孩子上大学时，他们已是成年人，但他们可能不喜欢大学并决定休学或者随意更改选修课程，虽然他们也开始上新的课或者做点其他事情，但常常由于缺课被退学或因旷工被辞退。他们总是向父母抱怨他们的老师或经理是"傻瓜"，对他们"态度恶劣"。在他们的眼中，自己没有错，错的都是别人。

这个已经成年的孩子现在可能每天在家睡到日上三竿，什么家务也不做，情绪反复无常。他会待在家里闷闷不乐，沉迷于电子产品或社交网络，与朋友渐渐疏远。他有时很难相处，如果父母在早上10点前叫他们起床，他可能破口大骂；如果早餐的麦片不是他爱吃的牌子，他也会发火。父母对此心急如焚，可能建议他重返学校或帮他找工作，但是孩子总能找到一大堆拒绝父母的理由，还会指责父母根本就"不懂他"。

导致这种"盆景年轻人"形成的因素有很多。父母期望孩子成功，但是孩子自己没有雄心壮志。盆景小孩已经习惯了待在舒服的小天地里，那里有免费的网络、属于自己的空间、可口的饭菜和各种电子产品。父母虽然多次威胁孩子，但还是会帮助他们洗衣服，或者完成本该由孩子分担的家务。

盆景年轻人可能会选修一门他们无法完成的课程，这是因为从前在父母和老师的帮助下他们取得了好的成绩，如果缺少大人的帮助，他们的学习能力和理解能力有可能达不到课程的要求。他们已经习惯了事事都由大人提醒，因此他们的记忆力和自我调节能力都很差，或者他们只是不喜欢面对外面的困难。

他们可能有特权感，认为世界无法理解或欣赏他们，可能认为如果无法做到令所有人都迎合他们的需要和情绪，他们最好还是待在家里，毕竟家人可以满足他们所有的要求。

盆景年轻人清楚外面的世界是富有挑战的，但父母的努力使得他们已经无法独自面对外面的世界。

更重要的是，他们在家里待得非常舒坦，何必出去冒险呢？

对父母的影响

无论是从短期看还是长远来看，盆景式养育对孩子都没有什么好处，对父母来说，这种养育方式并不轻松。在我咨询过的有过度养育问题的父母身上，我注意到这种养育方式对父母的影响很大，但是我发现父母很少讨论这些影响。他们觉得一旦讨论这些影响，就好像背叛了自己的孩子，这对他们而言是一件很尴尬的事。

那就让我来说说这些影响吧。

我的儿子凯（Kai）就是我的全部

很多家长把为人父母视为一种非常神圣、幸福、意义非凡的体验。他们要求自己对孩子灌注始终如一的爱意，全家都要开开心心，并期望自己和孩子在一起的每一刻都是无比美妙的。可想而知，这会带来多大的压力！

实际上，为人父母确实会有一些令人欣喜若狂的体验，但事实并非总是如此，为人父母有时是无比乏味、异常艰辛的，甚至像一种"无期徒刑"。虽然你非常爱自己的孩子，但有些时候，你对他们确实喜欢不起来，并且脑子里闪过只想和伴侣过二人世界的念头，当然，也许有一天，伴侣的魅力值也会下降。

> **当我们如此敬畏父母这一身份，**
> **以至于把为人父母视为一种神圣的体验时，**
> **我们自己将时刻承受重负。**

如果父母有以上想法，一旦他们对孩子疏于管教，就会感到内疚。这种内疚感促使父母采取夸张的方式弥补孩子，使本就忙碌的生活变得更加忙碌，或者使家中经济更加困顿。在大多数情况下，父母的这些做法只不过是为了达到他们自己觉得必须达到但又不可能达到的高目标。

父母不是唯一具有这种高期望的人，他们的孩子也承受着成为一个无比可爱的孩子的高期望，在这种情况下，他们是不可能只成为一个普通孩子的。

我们的孩子上文法学校，这所学校很好，但是超出我的经济承受能力，我该怎么做？

为孩子提供完美的成长环境需要一笔不小的花销。从孩子出生开始，父母就要给他们准备最好的婴儿车、最好的有机食物、最好的益智玩具、最时髦的衣服。在孩子上学后，大多数父母都认为有必要为孩子提供力所能及的高品质教育，一些家长甚至为此倾尽所有。

20年前，只有负担得起高额学费的父母才会把子女送到私立学校，而对于无法承担这笔费用的家庭而言，去公立学校也是一个不错的选择。现在情况大不相同，很多家长认为公立学校的教育水平不行，他们为了把孩子送进私立学校付出了极大的努力，不过这样的教育不一定是孩子真正需要的。

这种开销不仅限于教育支出。在 20 ~ 30 年前，成年孩子一般会搬出去自己住。现在，如果孩子成年后离开了原生家庭，那么父母算是很幸运的。几年前，我接触过一位 31 岁的男性，他和他的兄弟们住在父母家里的一个房间里。其实这个男人有能力找一份全职工作，但是他就是不肯。

如果孩子已经成年，父母还要供养他们，那么父母将承受沉重的负担。现在不少孩子一边住在父母家里，一边读研或打零工。这种"啃老"行为对本就困顿的家庭经济而言，无异于雪上加霜，同时这种做法也会强化孩子的特权感。

我计划于今年暑假帮家里的老大通过 12 年级的考试

为了保证孩子拥有一个"完美"的童年，父母不仅在教育和兴趣方面投入大量的金钱，还要承受很多情绪压力，以确保孩子开心，但是他们的这种做法通常是以牺牲自己的健康和快乐为代价的。

我见过很多父母，为了给孩子提供最好的成长环境，他们迷失了自我，牺牲了自己的快乐。有的父母花费了很大力气帮助孩子结交朋友，却疏于打理自己的朋友圈，没有充分享受社交生活。有的父母甚至拒绝出席朋友或同事的重要聚会，只为开车送孩子参加聚会。父母为了孩子而牺牲自己的社交生活的行为让他们付出了相当大的代价，他们更加依赖亲子关系来满足自己的社交需要。当孩子还是父母生活的重心时，一切并没有什么问题。一旦孩子成年离开家，对于习惯了把快乐寄托在孩子身上的父母而言，生活将变得十分乏味。

过度关注孩子还会影响父母发展其他人际关系，尤其是亲密关系。这听起来令人不解，创造孩子的亲密关系为何反受其累？我们可以从一些细微的互动发现问题。比如，父母可能欣喜若狂地迎接孩子回家："宝贝，你今天过得怎么样啊？给我一个大大的拥抱吧。"对待伴侣则敷衍了事："你把垃圾扔了没有？"父母会在周末带孩子去公园玩，带孩子出去旅行，给孩子准备礼物，但是他们已经忘了上一次与伴侣约会是在什么时候了。

当作为父母的你为孩子付出了大量精力时，你的亲密关系将变得很紧张，因为你对孩子倾注了太多，已经没剩下多少精力来关心伴侣了。当你把大量精力放在孩子的社交生活上时，你将无法顾及自己的社交。当你竭尽所能地为孩子付出时，你留给伴侣的关怀也将所剩无几。

我和伴侣刚刚离婚，我们担心这将对孩子造成影响

有些父母的婚姻生活并不幸福，但是他们为了孩子会选择继续生活在一起，还有很多父母过于关注孩子，疏于经营自己的亲密关系，导致婚姻解体，关系陷入恶性循环。

通常，父母会担心离婚对孩子产生负面影响，对孩子流露出的与离婚有关的消极情绪异常敏感，他们可能因此而内疚，这种内疚促使父母过度关注孩子，他们力图弥补离异给孩子带来的委屈。这样一来，孩子会得到父母无止境的爱、关注和纵容，这种情况也发生在父母离婚多年之后。

离婚后，父母的过度养育行为将变本加厉。

很多离异的父母对孩子的过度养育行为会变本加厉。当孩子跟另外一方的父母在一起时，离异的父母有精力做自己的事情。但是一旦孩子回来，他们就会把百分之百的关注全部转移到孩子身上。如果另外一方的父母也是这么做，那孩子将渐渐习惯这种"集万千宠爱于一身"的生活。我常常看到离异的父母相互较劲，比拼谁可以给孩子更好的生活，而聪明的孩子会利用父母的这种心理来获得更多的好处，如提到"爸爸允许我玩他的 iPad"或"我们去逛街时，妈妈会给我买冰淇淋吃"。

如果父母中的一方再婚，他们势必要把一部分精力分给新伴侣，盆景小孩将无法适应这种情况，因为他们已经习惯得到父母全部的关注，这也导致父母很难再婚。如果父母无法重建新的亲密关系，孩子就会变成父母生活的中心，孩子也会因此更有特权感。

我的孩子李（Lee）不会感激我为他付出的一切

当父母倾尽所有，比如付出金钱，为孩子创造物质充裕的童年生活或提供最好的教育资源，或付出时间和精力，为了孩子牺牲了自己的社交生活和亲密关系时，养育孩子将是一笔巨大的投资。可想而知，父母对孩子是有所期待的，我将其称为"账单"。

这里的账单，指的是父母付出了超乎寻常的努力，并且期望自己的努力是有所回报的，下面我们将通过一些例子看看"账单"是如何形成的。

比如，你的朋友今天过生日，你决定和他一起去咖啡馆，一起享受美味的午餐。你送给他了一张他最喜欢的歌手的 CD，你们度过了美妙的一天。我想你为朋友的生日所付出的努力并不会生成一张账单，因为你们二人都享受这一天，而且你的花费也没有超出预算，你也没有假装很享受那些自己其实并不喜欢的东西。

现在请重新设想一下，你准备的不是一顿美味的午餐，而是一场豪华的生日宴会。你租了一辆豪华轿车来接朋友，带他去了他最喜欢的五星级日料餐厅，但是你并不喜欢日式料理，你还安排了他最喜欢的歌手驻唱，在进餐时演唱自己的成名曲目。你打肿脸充胖子，几乎花光了当月工资，以至于在那个月剩下的日子里，你只能喝粥、吃咸菜。想象一下，在那天结束时，你问你的朋友"感觉怎么样"，他若只是说"还挺好，谢谢"，你会有什么感觉？

我猜你的心里一定不好受，你可能期望朋友说一大堆诸如"太棒了""特别美妙"之类的话。你甚至期待对方在你过生日的时候也同样慷慨，或者让他授予你"永远的好朋友"这一头衔。

你给予的越多，期望的回报也越多。

我们有时期望对方对我们做的事情表示感激，但是或许只有感激是不够的，我们还期望他们有所行动，比如时刻与我们站在同一战线上，经常给我们打电话或帮我们搞定某件事等。

盆景式养育会产生一张大账单，这是很正常的。当父母在孩子的教育上投入了巨大的财力、精力时，他们也期望孩子以优秀的学习成绩、成为运动队代表等作为回报；当父母牺牲大部分开销为孩子报名滑冰班、体操班或芭蕾班时，他们期望孩子能以体育或艺术方面的成就作为回报；当父母牺牲自己的社交生活，全神贯注地培养孩子时，他们期望孩子可以把自己当作好朋友。当你读到这里时，相信你也能意识到父母的这些期望背后潜藏的危机。

除非对方同意你的期望，否则不要指望对方愿意偿付你的"账单"。

为孩子投入大量时间、金钱和精力的父母，通常不会在这么做之前征求孩子的意见。他们也不会把自己的期待告诉孩子，不会对孩子说："我为了你牺牲了我自己的社交生活、花了这么多钱，我会一直帮助你，但是我期望你给予一些回报。所以，你要永远做我的好朋友，与我保持联系并陪伴我一生，你愿意吗？"

作为一名咨询师，我见过许多年轻人有一天突然意识到他们已经亏欠了父母太多，以至于到了不得不以牺牲自己的生活和独立性作为代价的程度。在高中做心理老师时，我经常见到女生在意识到自己需要偿还父母所付出的一切时，表现得十分惶恐（男生往往不太在意这些账单，更不要说想偿付它们）。我的一些来访者住在离父母只有几个街区远的地方，多年来，他们总有回报父母的压力，这种压力使他们觉得自己有义务对父母保持感激、保持亲近。我也见过不少孩子因为厌倦不断地被提醒要偿付父母的账单，或者感到自己无法回报父母的某些付出而选择远离父母。我还见过一些父母在孩子已经长大并离开家庭的情况下，因为孩子没有偿还自己的付出而感到愤愤不平，觉得孩子是"白眼狼"。

我的孩子已经上大学了，我却伤心不已

当孩子已经离开家或不再需要父母时，父母会觉得伤心、难过，这很正常。但是，当盆景小孩离开家时，他们的父母体验到的失落感却异常强烈，因为他们已经没有其他的兴趣可以填补孩子离开后的空虚。

> **心思都在孩子身上的父母，**
> **在孩子离开家后，心将变得空空荡荡。**

一个一心一意想让孩子开心的家长，可能没有其他的生活目标，也不知道当孩子不在自己身边时自己要如何开心起来。临床中，我发现这些父母在孩子离开家后会抑郁，他们对孩子缺乏感激并"遗弃"他们的行为感到愤愤不平，失去了生活的目标。在孩子离开后，他们本可以开始新生活，但是由于无法放下照顾孩子的责任，他们将深陷悲伤、愤怒的情绪。

在读罢本章及之前的章节后，你可能对自己的养育方式感到不安。你意识到自己对孩子过度关心了，或并没有教他们学会如何面对外面的世界，导致他们的发展受阻。相信你也明白，如果继续这样做，孩子的未来将变成什么样。

你可能开始意识到自己有过度养育的问题……

"但是朱迪思，外面的世界如此险恶，我能怎么办呢？"

让你的盆景小孩经历一些风雨吧。

第六章
树苗的茁壮成长需经历风吹雨打

盆景艺术会限制树苗的生长，过度养育也会削弱孩子的潜能。那么，父母该怎么做才能改变这种局面呢？

要想培育一个盆景，你需要在它还是幼苗时就有意进行培育，严格控制环境变量，对其进行特别的保护和培植。

为了保证它能与你家的布景风格保持统一，你要花心思把它塑造成理想的造型，还要悉心照料它，为其提供完美的养护，使它茁壮成长，并保持优美的造型。

同样，盆景小孩的父母在早期就为孩子提供了完美的成长条件。他们为孩子塑造成长环境，确保他们能够一直满足和成功，一旦盆景小孩适应了这种环境，他们将很难适应那些不尽如人意的环境，他们需要父母无微不至的保护，才能健康成长。

如果我们将一个盆景移出使它受保护的环境，它将面临很多挑战，如极端的温度、强烈的阳光、雪和冰雹等。对盆景来说，最大的威胁就是风，狂风足以刮断它的枝条，吹翻并打烂花盆，或者直接将它摧毁。正因为这样，盆景的主人需要时刻留意天气变化，在变天之前把盆景搬进家里。

盆景小孩的父母对外界环境可能潜藏的危险了然于胸，很多父母特地采用盆景式养育，就是为了确保这些危险不会发生在自己孩子身上。父母有意让孩子远离那些可能对他们造成轻微伤害，或者只是让孩子不开心、难以成功的环境。

但盆景小孩的父母在过度保护孩子的同时，忽略了一件重要的事。

树苗的茁壮成长是需要经历风吹雨打的。

树苗的茁壮成长其实是离不开风雨的，在风中摇摆有助于树苗长出更为结实的枝干和更强壮的根系，有助于它们应付暴风天气，经历过强风的树木会长出粗壮且柔韧的枝条，这样它们便能应对大风天而不容易被吹折。

暴风雨的确可能破坏树木，但被风雨洗礼过的树木更能够忍受坏天气，它们已经长出强壮、更有弹性、更稳固的根系，这也将帮助它们在恶劣的气候中存活下来。

同样，一个拥有完美童年的儿童，
可能无法应对不太完美却又再正常不过的成年生活。

一个始终被支持且一直成功的孩子将无法适应并应对生活中的常见困难，他们所生活的环境没有为他们提供锻炼坚韧品质的机会。遗憾的是，很多盆景小孩和年轻人明白自己需要锻炼，他们只是没有勇气走进未知的环境，他们会选择继续待在能保证自己安全、如意的温室中。有时，盆景小孩虽然走出去了，心里却仍期待别人可以帮助他们抵挡所有的艰难险阻，真实的生活不是这样的，这些孩子缺乏应对困难的力量。

盆景小孩的父母需要打开门窗，让风慢慢吹进来。

你可能会问要怎样才能做到这一切？

我将在本书的第二部分教你一些方法，这些方法能够帮助你的孩子变得更强壮、有更强的心理弹性、更自信，甚至在你的孩子处于叛逆的青春期时，你们依然能够保持良好的亲子关系。

听起来很不错吧？还在等什么，我们一起进入第二部分吧！

且慢，在开始阅读第二部分前，我需要听一下那些犹豫不决的人还在窃窃私语些什么。

我走近一步并听到他们在说话。

在说什么呢？请大声一点。

我看到他们环抱双臂、眉头紧蹙、翻着白眼念念叨叨。

我侧耳倾听，他们究竟想告诉我什么？

哦，我听到了。

他们在说，"但是朱迪思，你不会理解的……"

第七章
但是朱迪思，你不会理解的

所有父母都认可支持和鼓励孩子的重要性，但是在面对孩子的违抗或不良行为时，他们又会心生恐惧和疑虑。

从前，我在养育咨询过程中，会教父母一些方法，如果父母中的一位告诉我他们 4 岁的孩子不听话，或者他们正处于青春期的孩子不做作业，我会直接向他们介绍正面管教的方法。

第一步，我会教他们如何改善亲子关系，如何鼓励孩子做他们不喜欢做的事。第二步，如果孩子拒绝做父母让他们做的事，父母又该如何应对。

按照以往经验，父母会对如何鼓励孩子的办法照单全收，这些方法包括如何表扬孩子的好行为，如何花时间与孩子相处等；但是当我开始第二步时，我发现父母有一些奇怪的表情，他们有的眉头紧锁，有的环抱双臂，有的噘着嘴。当我教家长如何给孩子定规矩，或者要求他们严格对待孩子时，他们会突然声泪俱下地告诉我这个方法并不适合他们的孩子。

他们常常说同样的话："但是朱迪思，你不会理解的。"

这种说辞通常夹杂着对过去养育行为的忏悔，或者是一种对孩子表现得多么脆弱的辩解。

这些父母坚信自己曾做出对孩子不好的行为，但他们又不会主动说是什么行为。只有在咨询师的追问之下，他们才会声泪俱下地说出那些所谓的"罪责"。比如，由于生孩子的过程痛苦不堪，他们没有采用顺产方式；或者他们无法使用母乳喂养而错过了母乳喂养的最佳时期；她们得了产后抑郁，在生完孩子的最初阶段，她们并不能很好地照顾孩子。由于背负着经济压力，她们不得早早重返职场并把孩子送到托儿所；因工作出差而错过了孩子的第一个生日；尝试怀二胎却一直没有成功，导致孩子还是独生子女；曾在孩子面前与另一半大吵了一架；与另一半分居或离婚；在孩子很小的时候，父母中的一方或祖父母去世等。

有一些父母会哭诉，他们好不容易才拥有这个孩子，在得知怀孕成功时，他们会觉得为人父母是如此神圣，只要想到约束孩子，他们就会心如刀割；有些父母则哭诉，孩子从出生开始便一直体弱多病，他们没能和孩子建立起良好的依恋关系，并且需要弥补这种缺失。父母可能一直认为孩子是羸弱的，或者孩子经历了一些严重的危险，父母不忍心再严厉地对待他们，觉得孩子能活着已经是一件非常幸运的事。

前文已介绍得很详细，我们都知道过度养育会对孩子造成不良影响，但还是有一些父母会陷入心理学家所说的认知扭曲——一种夸大事实的思维模式，这种思维模式将导致人们采用消极的方式看待现实。心理咨询师的工作职责是帮助来访者意识到这样会影响他们自身的世界观，对他们产生不利影响。

所以，我会说："我真的理解你。"

我真的理解你想要完美地养育孩子的心理，由于曾在某些方面辜负了孩子，你感到伤心不已并追悔莫及。

我真的理解你想为孩子创造一个完美的童年的心情，你觉得这样你就可以弥补那些假想中犯过的错或曾经遭遇的不幸。

我理解你是如此深爱你的孩子，以至于竭尽所能地想让他们开心快乐，我理解你相信自己的小孩是十分脆弱的，所以想给予他们全部的爱和善意，并希望其他人也这样做。

这些我都能理解。

现在，我们来谈一些我所知道的事实。

我知道那些你所认为的过失，对你的孩子来说不一定是世界末日。

我知道你或孩子经历过艰难时期，也知道尽管它们已属于陈年往事，但仍令你记忆犹新。

我知道沉湎于假想的过错并陷入内疚情绪，将让你失去采用正确的方式养育孩子的信心，我知道你有正确养育孩子的能力，只是没有重视这件事。

我知道下一步对你来说十分重要。

> 你需要学会放手，
> 沉迷过去对你来说没有好处，
> 那样反而会伤害你的孩子。

如果你认为自己在养育孩子的过程中曾犯下某些过错，或者相信你的孩子需要更多的保护才能远离一些残酷的伤害，那么你已于无形中将孩子塑造为一个受害者。当你给孩子贴上受害者、体弱多病、可怜一类的标签时，你忽视了孩子与你其实都拥有更大的潜能这一事实。若你的眼中只有孩子的一两个小错误或是自己过往的失误，你需要将那些想法统统甩掉。

我知道你在努力地让孩子生活得更完美。如果你缺乏自信，或者你的孩子十分脆弱，接下来讲到的一些方法对你来说会比较难，但是任由孩子身处温室环境，对孩子而言是没有任何好处的。外面的世界很精彩，你不能总是视而不见。

让我们一起走进第二部分吧。

PART 2

第二部分

第八章
怎样适度养育

大多数人带着疑惑买了这本书，身为父母的你，可能直接跳到能帮助你解决疑惑的章节处开始阅读，但我不建议你这么做。相反，我建议你按照章节顺序阅读本书。

不同人有着不同的阅读方式——有的人会按照章节顺序阅读，有的则不会。根据我的临床经验，我猜 1/3 的父母正在被孩子的问题行为困扰。如果你也有这种困扰，我打赌你很可能直接跳到处理违逆行为的章节。还有 1/3 的父母正在关注孩子缺乏自信或交友方面的问题，你可能急切地想读有关自信的章节，剩下 1/3 的父母则可能同时遇到了多种问题，并正急切地在书中的不同章节之间切换，他们甚至打算根据孩子 5 分钟前出现的行为决定阅读哪些章节。

第二部分的章节顺序是我精心安排的，我强烈推荐你按顺序阅读。我也会解释为什么我建议你从头到尾按照章节顺序阅读，而不是跳跃式阅读。

我设计本书章节编排顺序的目的之一，是想帮助那些受流行养育观念影响并打算采用盆景式养育的父母调整他们的养育方式，你应该也是其中之一。

请记住，盆景式养育的核心是对孩子进行极端回应，如过度养育、过度关注和过度保护等。如果父母过于期望孩子成功、快乐，他们就会对孩子提出极端要求，当孩子无法实现父母的这种高期望，进而不快乐时，父母会介入并过度帮助孩子，确保孩子继续获得满足感，这就是所谓的低要求，其他人则承担使孩子获得成功并克服困难的重任。

鉴于盆景式养育有这些让人意想不到的不利影响，我将带你一起踏上这次被精心设计过的旅程。我的精心编排，就是为了确保你在阅读时可以有效践行相关策略，我也建议你按照本书章节顺序，学习第二部分的策略。

在第二部分中，首先，我将教你一些关于如何回应孩子的策略，但它们不是极端回应，接下来，我会教你如何帮孩子培养一些重要的生活技能。

第九章的内容将帮助你的孩子建立自信。在这一章里，我会教你一些帮助孩子获得成功及对自己更有信心的方法，这样孩子就会减少对他人的依赖。

第十章的内容将帮助你的孩子成为受欢迎的玩伴。我将教你如何调整亲子关系，帮助孩子成为一个好相处的人，以及教你如何帮助孩子发展社交技能并鼓励他们积极看待世界。

第十一章的内容为培养孩子的心理弹性。我将教你如何帮助孩子应对困难，以帮助孩子免于承担一直被大家喜欢以及必须快乐、成功的压力。

读完以上章节，相信你已经为帮助孩子学会自我调节做好了准备。在第十二章，我会教你如何指导孩子有良好的行为。

你之所以敢对他们提出要求，是因为你知道你规范他们的行为
并对他们的不良行为做出惩戒，并不意味着你是一个"令人讨
厌"的父亲或母亲。你将帮助孩子真正学会管理自己的行为，
而不必依赖他人的提醒、告诫或唠叨；你也将帮助孩子学会如何
与父母或其他权威人士相处，让孩子知道不断挑衅权威将导致
什么样的后果。

　　在第十三章，我将教你如何逐步撤离并让孩子成长为健康、
成熟的人。然后，我会提供一些我在学校或机构中讲授养育课
程时经常被问到的一些问题的答案，供你参考。我会解释在何
种情况下你的孩子需要专业人士的帮助，以及你可以通过何种
方式获得这些专业支持。最后，即使以上方法都失败了，我也
会教你一个最简单，一种十分有效的养育策略。

　　好的，我们开始吧。

第九章
帮助你的孩子建立自信

自信是掌握生活技能的重要基础，帮助孩子建立真正且持久的自信，将让他们在今后的人生中受益匪浅。

自信是个体对自己的一种信念，即相信自己有能力应对各种问题。自信的人并不会浮夸或高高在上，相反，他们沉着冷静，他们不一定成为大家关注的焦点，但也无须仰仗他人的反馈生活，无须时刻寻求他人的敬佩或赞美。

父母可以通过建立良好的亲子关系，为孩子提供高质量的陪伴，适当表扬孩子等方式来帮助孩子建立自信。

建立健康且充满爱意的亲子关系

在本书前面的章节中我曾告诫父母，过度关注孩子且极力确保他们一直开心的过度回应是有风险的。此外我们还需要了解良好的亲子关系及高质量陪伴对孩子成长的重要性，讲到这儿，我便不得不提"依恋理论之父"——心理学家约翰·鲍尔比（John Bowlby）。

良好的亲子关系

鲍尔比尤其关注依恋对孩子发展的影响。依恋，即孩子与父母建立的联结与信任。鲍尔比认为，如果孩子与父母的亲子关系是成功的，那么在未来，他们就有信心、有能力与他人建立亲密关系。父母陪伴孩子、与孩子互动、满足孩子的需求等都有助于培养良好的亲子关系。这种必不可少的亲子互动给予孩子最早的社会互动积极体验，也让孩子确信父母是爱他们的，在他们有需要的时候，父母会陪在他们身边。

**孩子对自己与父母的关系越自信，
对生活及自己与他人的关系就越有安全感。**

许多研究表明，与父母建立"安全型依恋"[①]关系的孩子要比建立非安全型依恋关系的孩子更加自信、能干。孩子同时与父母双方形成安全型依恋关系固然是最好的，但是只与父母中的某一方形成安全型依恋也是足够的。单亲父母也可以与孩子建立安全的依恋关系，只是困难一些，鲍尔比认为，单亲家庭

[①] 心理学家一般把依恋分为安全型依恋与非安全型依恋。非安全型依恋又可以分为抗拒型依恋、回避型依恋和混乱型依恋。当安全型依恋的孩子与养护者分离时，他们会表现出对分离的焦虑，即不断寻找父母并感到焦虑，也会对陌生人感到焦虑，到了陌生环境，孩子会缺少安全感并十分依赖养护者。一旦确认环境安全，安全型依恋的孩子将自主探索环境，把父母当成安全基地；一旦感受到威胁，他们会回到父母身边寻求安慰。当父母离开后回来时，孩子会向父母寻求安慰，并在受到安抚后很快变得镇定。形成这种依恋模式的原因一般是父母喜欢孩子，可以及时回应孩子的需要，并与孩子保持同步互动。有关非安全型依恋，各位读者可以参考发展心理学中，儿童的情绪与社会发展这一部分的内容。——译者注

的父母会承受较大的压力，尤其是在孩子比较小的时候，他们在照料孩子方面可能需要其他人的帮助。

花时间陪伴孩子

在孩子还是婴儿时，父母会花大量时间陪伴孩子，满足孩子所有的生理需要（比如给他们喂奶、洗澡和换尿布等），同时还要满足孩子的情感需要（比如同他们一起玩耍、和他们说话、向他们表达爱等）。随着孩子逐渐长大，他们可以在父母的视线范围外活动，并且更愿意自娱自乐。在几周、几个月甚至数年后，自信的孩子可以长时间离开父母，大胆去冒险，他们知道自己随时可以回到父母身边。孩子的这种独立能力始于在父母视线范围内独自玩耍，然后是每天在托儿所待上几小时，接着是在学校开心地待上一整天，参加为期一周的露营，最后是搬到另一个城市上大学、工作。

身为父母，你要定期和孩子共度欢乐时光，尤其是在他们年龄尚小并且愿意和你一起玩的时候。你们可以一起在小区里散步，在公园玩，在地毯上玩玩具、做游戏，你还可以让他们和你一起去杂货店买东西，一起做家务。当孩子逐渐长大，你们可以一起看电影、电视，一起骑行，一起下馆子或做饭，打理花园等。

你要确保你们在共处时没有忽视周围的世界，经常一起探索身边的美好事物，当然，和孩子一起读书也是一件非常棒的事。亲子共读既可以为父母与孩子提供共处机会，也可以培养孩子的阅读兴趣，即便孩子已经长大了，你们也可以共处一室，沉浸在各自的阅读世界中，这也是一种令全家感到愉悦的休闲方式。

向你的孩子表达爱意

增加与孩子的身体接触也是一种表达爱意及有效促进亲子关系的好方法，抚摸、拥抱孩子都是父母向孩子表达爱的重要方式，大多数父母也会这么做。

不过在向孩子表达爱意时，你需要注意以下几个问题。

第一，确保儿子和女儿享有同样的身体接触机会。有研究显示，父母更乐意拥抱女儿而非儿子，但是给予不同性别的孩子同样的身体接触机会是非常重要的。有些人可能认为，只有母亲经常亲吻、拥抱孩子，其实父亲也是可以亲吻和拥抱孩子的。

第二，有研究显示，父亲的一项重要任务就是与孩子一起打闹、玩耍，这种充满活力的游戏，比如一起绕圈跑、假装对抗搏击、追逐跑等，对孩子的健康发展有重大意义，也有利于提高孩子的幸福感，对于男孩来说尤其如此。我也鼓励父母参与这类游戏，陪孩子，特别是小学阶段的孩子一起玩。需要补充说明一点，有研究者建议，由父母而不是孩子来掌控这些活动。父母通过主导这类游戏并不断为孩子设限，可以慢慢帮孩子培养自我调节能力，也可以消解孩子的攻击性。

这种表达爱意的方式需要因孩子的性别而异吗？当然不用，可能有人反对孩子与异性父母进行身体接触，但我认为这些接触并没有什么不妥。

第三，父母也需要向年龄大一点的孩子表达爱意。长大后的孩子可能不再喜欢自己曾经喜欢的表达爱的方式，所以，当孩子第一次没有给你晚安吻的时候，作为父母的你可能大受打击。不过，你可以用其他方式表达爱，比如拍拍他们的肩膀、与他们击掌、拥抱他们，或者只是简单地搂一搂他们的肩膀，等等。

第四，尽管父母向孩子表达爱意和接受孩子对爱的回应一事很重要，但是父母要求孩子定期给予回应，并不是一件好事。在亲子关系中，父母是成年人，如果他们反过来让孩子觉得自己需要不断照顾父母的情绪，表达爱意就会变成孩子肩上的重担。

和孩子谈心

在孩子年龄尚小的时候，父母和孩子聊天是非常有必要的。父母可以从孩子出生那一刻起就和他们说话，用声音抚慰他们，与他们交流，向他们表达爱意。当孩子刚听得懂话的时候，父母可以通过询问的方式与他们互动。这种交流方式极其重要，比起简单的是非问题，我更推荐父母使用开放式提问，这将使孩子认真思考。

保持良好的亲子关系

花时间陪伴幼儿是比较容易的，但是当孩子处于童年期和青春期时，事情就会发生微妙的变化。孩子不再主动与父母待在一起，即使这样，父母与孩子保持良好的亲子关系也是非常有必要的，我在这里介绍一些亲子双方都比较喜欢的方法。

在开车过程中与孩子聊天就是一个不错的选择。在开车的过程中，因为需要看路，你们不必盯着彼此的眼睛说话，在这种情况下，你们的对话会更自然也更深入。你可以抽时间开车带孩子兜兜风，借机与孩子沟通。在车里，你们可以闲聊或者一起安静地听音乐、广播，也可以轮流切换歌曲、换台，不过不能在车里戴耳机或使用其他社交软件，因为这些本质上是反社交的。更麻烦的是，如果你开车带孩子们参加活动，他们却沉浸在电子产品的世界里，那么你就变成他们的免费司机了。

我知道，有的父母喜欢让孩子坐在车的后排座位上看数字影碟，因为这样父母才能享受片刻安宁，但是我觉得这种做法不利于亲子间的沟通。我担忧的是，如果孩子时刻都在与电子产品打交道，他们是无法学会思考的，也无法学会自娱自乐，他们可能对电子产品或娱乐媒体产生依赖，这将损害他们的认知力、想象力和创造力。如果真的无法避免使用这类产品，父母也要好好监督孩子，尽量缩短孩子使用这类产品的时长。

随着孩子渐渐长大，父母想找到和他们有共同兴趣的事将变得更加困难，不过还是有很多事情可以一起做，即使你和孩子都很忙，一起聊天也是一个不错的选择。你们可以创造共处时间，比如一周抽出两小时，或者选择每周、隔周的周日晚上共处。你可以和孩子讨论能一起做的事，也可以双方轮流决定一起要做的事，比如一起看家装真人秀或才艺秀，或者一起去超市采购全家的食材等。你们还可以一起完成一些家务，比如一起做园艺、粉刷墙壁等，也可以一起开车兜风，这些活动都可以令你和孩子将精力集中在手头的事上，从而使亲子谈话变得更加轻松，而且你们也可以为共同取得的成果而感到自豪。

如果你的孩子已经成年，不管他们有没有离开家，保持与他们共处都是非常有必要的。你可能需要和每个孩子都单独商量一下，因为不同的孩子可能对要花多少时间与父母共处的看法不同，无论如何，你应尊重他们的选择。当孩子快成年时，你可以对他们说："我期望与你保持联系，但是我需要确保我们都觉得这种联系是舒服的。我在想，或许我们可以在每隔一周周日的下午去看场电影，然后一起去喝咖啡，或者你可以每周二晚上回来吃饭，你觉得怎么样？你更喜欢哪种安排呢？"如果孩子住在其他城市，你在给他们打电话前可能需要先确认一下，因为他们可能不在家或刚好没有心情和你聊天。你可以对他们说："和你保持联系对我来说很重要，我们可以每周或每两周通一个电话吗？你接受这样的安排吗？"

> 每个孩子想与父母见面、
> 聊天的时间长度都是不一样的，
> 这取决于孩子的个性及他们对个人时间的安排，
> 而不是对父母爱的程度，
> 因此，父母端正观念是很重要的。

有些孩子更喜欢与朋友而不是父母相处，有一些孩子则更渴望得到父母的关注。所以，共处的质量比共处的时长更重要。

你会担心孩子不愿意与你共处吗？不用担心，在本书结尾，我将教你如何发展 LAFP 技能 ①。在孩子离家之前，你要有意识地培养一些个人爱好，这将有助于减少孩子离家带给你的空虚感。

重视亲子共处的质量而非时长

孩子需要足够自信才能与他人愉快相处，反过来，如果可以与他人建立良好的关系，也有助于孩子建立自信心。不过，孩子也有权选择不参与社交，这可以提升他们对独处的自信。

①　全称为 life away from parenting skills，指父母有意识习得的远离养育，独自生活的技能。

为了确保孩子这两种自信的发展，我将为你提出一些与孩子共处的建议。

高质量的共处并不意味着父母要时刻与孩子待在一起，鲍尔比认为，虽然及时回应婴儿的需求很重要，但父母与孩子之间的互动应该有始有终。良好的亲子互动应由一方先发起，再由另一方做出回应，双方持续交流一段时间后，一方以四处张望或走开结束互动。如果由孩子发出结束交流的信号，那么是非常棒的，这意味着他对于你们之间的关系有足够的安全感，他敢于结束交流，去做其他事情或独自探索世界，他也知道，父母可以为他提供安全的避风港。

短暂而高频的共处

无休止的亲子共处是没有必要的，父母无须因为结束了与孩子的互动而内疚。亲子双方之所以结束共处，往往是因为父母需要完成繁忙的家务或工作，实际上，父母离开孩子去做其他事情，再回到孩子身边的过程会令孩子受益。父母可以向孩子演示如何结束并放下一段交流，从而让孩子对分离产生安全感。很多的分离都是暂时的，并且开启一段新的交流也非常简单。这样孩子就会明白，他们也可以自娱自乐，过一阵子再与父母互动。孩子对于结束互动的舒适感，以及对独处、与他人重新开展互动的自信心，可以确保他们不会出现分离焦虑，也不会对父母过度依赖。

还有一个方法可以保证亲子共处的质量——开展短暂而高频的互动。亲子间愉快共处几小时并不难，但是长期维持愉快共处并不容易。如果父母花大量时间与孩子共处，他们将总是期望在孩子面前展示最好的一面，尤其是当孩子还很小的时候。

但是一直保持良好的状态是很难的，父母连续几小时对孩子保持微笑及亲切的说话方式是很容易丧失耐心的，减少这种冗长的亲子互动反而有利于双方维持积极、愉快的亲子关系。

> 如果父母与孩子可以维持短暂而高频的共处，便有助于孩子独立，亲子间的交流并不需要总是热烈而冗长的亲子关系。

让孩子独立

有的孩子好像时刻都要抱着父母的大腿，父母也已经竭尽所能地花时间陪着孩子，并为孩子创造一些独自活动的机会，但是孩子还是更喜欢跟着父母，他们时刻期望享有父母的陪伴，喜欢与父母说话、玩耍、做一切事情。这种情况常发生在独生子女家庭，孩子也没有其他玩伴。

对于孩子有这种情况的家长，我建议你在离开之前提前告知孩子你准备去做什么。你可以对孩子说："我现在准备洗衣服，待会儿回来看你在做什么。"当你返回房间时，可以奖励并表扬孩子，你可以陪他们玩一会，然后再一次告诉他们你准备去做什么，离开后过一会再回来，并表扬他们可以独自玩耍这件事，下一次离开的时间可以比上一次长一点。这里最重要的是，你要向孩子保证你一定会回来，让他们不必担心你会永远离开他们（或许在孩子眼中，"永远"只是 10 分钟）。父母还可以使用行为奖励记录表，如果孩子能够独自玩耍 10 分钟或者更长时间，父母就可以在记录表上给他们贴一个贴纸，以示奖励。

不过，这种奖励也不能给得太多，不然无论大事小事，孩子都会来征求你的意见。想象一下，如果我在写作本书时每写一个词或一段话，就抓着我的亲朋好友征求他们的意见，他们回应道："这句话写得真棒，朱迪思，你真是个天才！"那么，我可能离不开他们的表扬了。同样，不用事无巨细地对孩子进行回应，尤其在他们一取得成就就展示给你看时，你可以肯定他们的作品，但没有必要每次都兴高采烈地大加赞赏，这样孩子才不会时刻需要你的肯定和表扬。你也可以采用"嗯"（嘴巴紧闭，音调由高转低）来表达对他们的认可，我建议各位家长自己做做这一练习。

这就涉及怎么表扬孩子，表扬也是帮助孩子建立自信心的重要途径之一。

表扬

很多父母都会表扬孩子，这是好事。我们都知道，对各个年龄段的孩子来说，表扬都有积极作用：表扬既可以让他们关注自己做得好的行为，也可以鼓励他们再接再厉。

父母是孩子的主要依恋对象，所以孩子非常在意父母对他们的看法，以及对他们行为的反馈。聪明的父母善于用表扬鼓励孩子做出更多的亲社会行为，比如让孩子变得更和善，更乐于助人，也善于使用表扬让孩子做出更多的积极行为，比如学会如何如厕、骑自行车等。

表扬确实非常有用，但是现在的父母有时会滥用表扬，过度表扬有可能引发一系列问题。

现在的父母有时会滥用表扬。

我知道很多父母想通过表扬这种方式提升孩子的自信，这是一个很好的目标。但是，父母也要了解表扬和过度关注会对孩子产生副作用。自信不等同于自恋，二者存在显著差异，个体自信是指个体相信自己，自恋的人则需要在生活中不断寻求他人的肯定和关注。

父母原本想通过表扬提升孩子的自信和自尊，但是过度的表扬或关注可能导致一些孩子产生自恋心理，这些孩子期望所有人都以他们为中心，他们的问题无论多么微不足道都要被重视。遗憾的是，一些父母帮孩子建立自信心的方式导致孩子自我膨胀。

自恋者更依赖他人的关注与重视，如果他人不欣赏他们，他们就会十分痛苦，因为他们的快乐建立在他人的回应之上。而真正自信的人更认可自己，也更自在，无须寻求他人对自己或自己所取得的小成就的认可。

> 盆景小孩习惯于受到他人的高度关注，
> 他们每时每刻都需要被表扬。

表扬可以很有用，但是父母在使用表扬时要同时考虑它的益处与不足，我们接下来一起看看如何善用表扬。

如何正确反应

在本章，我会让你对如何使用表扬有一个整体了解。在第十二章中讨论如何处理孩子的违抗行为时，我也会具体谈谈该怎么使用这一策略。如果你的孩子不满 7 岁，这些建议对你来说可能非常有用。

正常情况下，孩子可以得到父母的积极关注，父母认可他们正在做的事并鼓励他们。但是，如果孩子很难获得父母的积极关注，他们可能尝试引起父母的负面关注。比如，孩子宁愿惹是生非也不愿意被父母忽视，他们认为受到父母任何形式的关注，无论正面的还是负面的，都要比直接忽视好。

心理学家约翰·戈特曼（John Gottman）在《人的七张面孔》（*The Relationship Cure*）一书中指出，关系是通过情感诉求维持的。情感诉求，即个体对情感或社会联结的需要。情感诉求包括很多方式，比如询问、摆出身体姿势、给予目光关注或者肢体接触等。通过这些方式，我们可以确认别人是关心或理解我们的。

情感诉求的典型方式大致有三种。下面请想象这样一种场景，我对你说："看那只小狗！"此时我便向你发出了情感诉求，你可以选择的回应方式有以下三种。

积极的情感回应："它很可爱，是吧？"

消极的情感回应："我干吗要花时间看一只狗！"

忽视的情感回应："……"

戈特曼发现，那些愿意积极回应伴侣情感诉求的夫妻，往往拥有良好的亲密关系并可以长相厮守，这一发现很好理解，但是他还有一个令人惊讶的发现，比起那些彼此忽视的夫妻，那些对伴侣的情感诉求做出消极反应的夫妻，婚姻维持的时间要更长。这一研究发现说明了什么？即使对方批评了你，能给予消极的回应说明他 / 她至少还是在乎你的，忽视则意味着他完全不在乎你，甚至懒得同你争辩。

父母对孩子行为的回应还有一个有趣的现象，他们对孩子的负面关注往往比积极关注更值得玩味。我们来看一个例子，孩子正安静地在房间里玩耍，父母从旁边经过。如果他只是在搭红黄色的积木，很多家长可能直接走过去看一眼，或者不痛不痒地表扬道"很棒"，但是如果母亲看到孩子正用她最喜欢的、昂贵的口红在墙上画画呢？这时母亲的反应可能十分激烈。她可能对孩子大吼大叫，扬起手准备打孩子，甚至会对孩子做出一些粗暴举动，场面一度非常混乱。所以，孩子若表现得好，可能只得到父母的一丁点儿回应，当他们行为不当时，父母则会大吵大闹。

比较科学的说法是，为了让孩子做出更多的积极行为，父母要在孩子表现好的时候给予热烈回应，令他们产生喜悦之感，而在他们做出不良行为时应反应平淡。

> **当孩子表现良好时，父母可以给予热烈回应，当他们行为不当时，父母只须反应平淡即可。**

如果孩子知道自己只要表现良好便可以得到更多来自父母的表扬，他们将更愿意做出这些行为，我们将在第十二章讨论父母应如何做到反应平淡。

生动活泼的表扬

在孩子年龄尚小的时候，比如幼儿期或学前早期，父母可以采用比较生动活泼的表扬方式鼓励他们去做一些他们不愿意做的事情。这种表扬形式常伴随肢体动作，比如父母可以像啦啦队队员一样高举双手、甩动，在孩子进了一个球时对着空气挥舞双手。孩子会喜欢这些瞬间并受到鼓励，他们为了获得这种兴奋的回应，也会努力将事情做得更好，"你打扫自己的房间了是吗？太棒了！""你是独自去的洗手间吗？真的是很厉害！"

多样化的表扬

如果我们不知道别人会怎么回应我们的行为，我们可能会重复这一行为直到弄清楚他人的反应为止。这也是孩子会反复做出一些不良行为的原因，他们无法预测父母将如何回应他们的行为。比如当针对孩子的同一个问题行为时，父母在家里和在公共场合的反应可能是不一样的。在家里，父母可能大动肝火；在公共场合，父母会表现得比较克制，这种反差将令孩子感到困扰。

所以，如果父母能对孩子的良好行为做出积极回应，孩子们将更愿意重复同样的行为。比如，在孩子主动把脱下来的鞋放到自己的房间里时，你可以和他们击掌，然后说："你把鞋子放到自己的房间里了哦"或者"你照我说的做了"。而在下一次，当他们将地板上的玩具收拾干净时，你可以开心地说："哇，你把房间打扫得真干净，我正准备在这跳舞呢！"然后，你可以和他们一起跳舞。如果他们在和兄弟姐妹一起玩，你可以说："哇，你们玩得真开心，我可以和你们一起玩5分钟吗？"当孩子饭后主动把餐盘放到洗碗盆里时，你可以给他们一个拥抱，然后说："嘿，原来你已经把盘子拿到厨房了，做得真棒！"当他们听你的话走出操场，准备回家时，你可以说："我叮嘱你不要再荡秋千，早些回家，你便照做了，这真是太棒了，现在我们来比比谁可以先跑到车那边。"

让你的表扬变得多样化，它们可以略带令人愉悦的傻气，孩子们将很享受这些表扬并记住是积极行为带来了这些乐趣。父母也不要每次都给孩子相同的反应，可以尝试把不同的反应混合在一起，这样孩子的行为将迅速步入正轨，因为他们很想看看接下来你对他们的行为会做出什么新的反应。

描述式表扬

重新阅读上面的有关表扬的案例，你会发现，我每次在教父母如何表扬孩子的时候，都准确地描述了孩子做了什么事。这种表扬要比泛泛的"乖孩子""好孩子"或"做得真棒"更有用。因为"好的行为"对孩子而言太抽象了，如果你可以描述出他们做了什么，他们就会更明白你喜欢什么，脑子里会对父母期望他们做的行为产生清楚的画面，也明白了父母鼓励他们继续做出这些行为。

表扬要与时俱进

活泼的表扬只适合年龄比较小的孩子，因为他们容易相信你是真的在为他们正确如厕或打扫房间的行为而兴奋（即使你并没有表现出来的那样兴奋）。随着逐渐长大，他们会知道自己的成就远达不到令人为之手舞足蹈的程度，这时父母就无须使用戏剧化的回应了，而是要选择一些合适的理由，让孩子做些他们应该做的事情，我们将在第十二章讨论这些策略。

由于孩子所处年龄段的不同及所做的事有所不同，活泼的表扬将呈现不同的效果，如果你的反应只得到了孩子的一个白眼而不是微笑，你就该明白，要停止使用这种表扬方式。这并不是说你不能再使用这种过分热情且略显幼稚的回应，这种表扬有时对所有年龄段的人都是有用的，对你的伴侣、同事也一样有效，你只要不把它作为你对孩子的主要表扬方式即可。

表扬也不是一件必须一直进行下去的事，如果孩子已经能自觉完成一些事，你便没有必要表扬他们了，因为这时他们已经把行为内化了，行为变成了习惯，他们也不再需要你的鼓励。你可以把精力放在培养孩子的其他行为上，这样也有助于让他们变得更加成熟。

表扬要适得其所

现在的父母常常过度表扬，他们以为表扬是对孩子表示支持的方式，可以提升孩子的自尊。但是父母不能成为行走的"表扬制造机"，原因如下：第一，父母会慢慢厌倦这种事事都要表扬的形式；第二，孩子将不再珍视表扬。

孩子们得到的表扬越多，他们便越不珍视表扬。

在有过度表扬问题的家庭中，父母有时为了让孩子倒垃圾，不得不表扬孩子"你做得真棒"或"我为你感到骄傲"。

为了保证你的表扬有效且能得到孩子的珍视，你可以只就真正值得表扬的事或你鼓励孩子做的事情进行表扬。在使用表扬之前，你可以思考一下你期望孩子发展哪些技能或品质，比如能与他人合作或听话等，当孩子表现出这些品质时，你可以适时地给予表扬，无须对他们的所有好行为都表现出一样的热情。你可以时不时地回顾一下他们做得好的方面以及需要继续努力的地方，以此调整表扬的方向。

表扬努力而非天赋

另一种推荐父母使用的表扬方式是表扬行为而不是本人，换句话说，父母应该表扬孩子的努力，而非他们的天赋。

当下的家长比较喜欢对孩子说一些好听的话，比如称赞他们很漂亮或很聪明，他们以为这样可以帮助孩子建立自信心，但是这种原本出于好意的赞美有可能会起反作用。

下面我们来看一些研究证据。很多父母或老师称赞孩子很聪明，想以此提高孩子或学生在学习方面的自信。心理学家卡罗尔·德韦克（Carol Dweck）和克劳迪娅·米勒（Claudia Mueller）研究发现，表扬孩子的学习能力可能会起反作用。研究人员给孩子们布置了一个学习任务，并给予他们不同的反馈，研究者表扬了其中一组孩子的能力，表扬了另一组孩子的努力。然后，她们让这两组孩子完成其他学习任务，并让他们反思自己任务的完成情况。

两组实验结果存在显著差异。被表扬能力组的孩子更关注分数，他们更在意自己的成绩与其他人相比孰高孰低，只愿意做自己擅长的事；被表扬努力组的学生则更专注于学习本身，他们能够更加熟练地完成任务。他们会寻找提升自己表现的方法，较少与他人进行分数方面的比较，他们也更愿意尝试通过解决更多的问题提升自己的任务表现。总之，被表扬努力组的孩子更愿意继续努力，他们将自己的良好表现更多地归功于努力，而不是无法改变的能力。

父母或老师如果只是表扬孩子聪明，不关注他们的努力，将会在无意间影响孩子潜能的发挥。表扬孩子聪明可能令孩子形成心理学中常说的完美主义思维，导致孩子今后如果无法确信自己可以在某个任务上表现得很好，他们将直接放弃任务，因为他们担心自己无法取得完美的成绩以彰显自己的聪明。这也有可能导致他们不大愿意接受学习上的挑战，但正是那些挑战能真正使他们受益。德韦克和米勒认为，这也许可以解释为什么有些聪明的女孩早期学习成绩很好，大家也对她们的能力进行了高度赞扬，但在后续的学习动机和学习表现方面，她们却退步了。当别人给她们贴上聪明或优秀的标签时，她们对自己表现的期望值无形中也提高了。

　　这就是受到高度表扬的孩子身上容易出现完美主义的原因吗？这就是我所接待的孩子害怕学习和体育运动的原因吗？这就是有些孩子遇到一点点困难就放弃的原因吗？

　　我的回答都是肯定的。

　　这个机制不只适用于学习，还适用于孩子其他方面的表现或能力。不少父母会表扬自己的孩子外貌，比如称赞女儿长得漂亮，他们想提高女儿的自信心。但就像表扬孩子聪明一样，这种对外貌的表扬是否会让女孩产生维持美丽的压力呢？会不会引起容貌焦虑？那些反复被告知将成为了不起的足球运动员、大有所为的艺术家、能言善道的演说家的孩子，被夸天赋异禀的孩子，他们又该怎么办？

　　过度表扬会不会削弱孩子提升自我的动力？会不会导致孩子不愿意参与体育运动，只因害怕表现得不够完美？会不会将孩子限制在有限领域内，使他们只敢尝试自己熟悉且擅长的事情，只着眼于学习和体育成绩？过度表扬是否将在无意间导致孩子沉迷于美颜相机和修图？我的回答也是肯定的。

　　基于德韦克等人的研究，我认为表扬孩子最安全的做法，就是表扬他们的努力。

　　你要聚焦于动词（如孩子们做了什么）上，减少使用描述或形容他们的名词、形容词。你可以告诉孩子，你已经看到他们尽了最大的努力，他们正在用心画画，他们的着装搭配很有特色。这样的表扬没有要求他们保持完美，恰恰相反，这鼓励了他们追求自己的兴趣，时刻抱有进步精神，这种精神将促使他们对未来的任务充满热情，这种表扬可以让孩子做自己。当然，你也可以偶尔表扬一下孩子的美貌与才华，只是你要确保自己将表扬的重点放在孩子做了什么，而不是在评价孩子上。

表扬不要操之过急

避免预先表扬也是一种帮助孩子培养自信心的方法。所谓预先表扬，就是对还未发生的事件的积极表述，比如"不要担心考试，我相信你会考得很好"或"我打包票，你在开学第一天一定能交到朋友"。父母对孩子的预先肯定可能出于好意，但是往往弄巧成拙。有研究发现，如果父母对孩子做出这种保证，但是结果与父母的话相反，那么孩子将很痛苦。除非父母真的能预知未来，否则尽量少说这样的话。

父母不要预判即将发生的事，但是可以同孩子讨论他们可能面对的困难，也可以让孩子了解他们自己拥有应对困难的技能，帮助他们更快地适应不确定性。

表扬要名副其实

我强烈建议，父母对孩子的表扬应名副其实。

你是否曾经搞砸了某事，比如在演讲时出了点岔子？设想当你回到座位时，如果你的同事转身咧着嘴对你说："你讲得太棒了！"你会感到心安吗？好吧，除非你是世界上仅有的5%的自恋者之一，否则同事的话会让你感觉更糟，因为在这种情况下，他们的安慰更像讥讽。如果他们什么都没说，或者说："唉，我也有过这样的情况，别担心。"你是不是感觉好很多？

不真诚的表扬常令人更加难受，言过其实的表扬也是如此。有研究发现，人们会把溢美之词视为虚情假意的表现。

在孩子比较小的时候，你可以采用略显夸张的表扬方式，比如"你真是一个打扫房间的小能手啊"或者"这个球你踢得真棒"。然而年龄稍大一点的孩子明白，这类表扬并不是真的在肯定他们的表现。

心理学家认为，7 岁以上的孩子往往可以察觉哪些表扬是虚假的。当他们发现父母所表扬的其实是他们并没有掌握的技能时，他们会质疑自己的能力，这与父母做出表扬的初衷背道而驰。

事实上，如果父母允许孩子当一个普通人，对孩子的成长而言大有助益。允许孩子平庸，即允许他们也有做不好的事情。如果父母说："是的，你今天的状态确实不好，不过没有关系，每个人都有不顺的时候。"那么孩子的压力将大大减小，相比那些言过其实的表扬，这样将更有利于孩子的成长。

避免使用"三明治表扬法"

20 世纪八九十年代非常流行"三明治表扬法"，即积极反馈和消极反馈交替进行。当时的人们认为，任何负面反馈都会对个体的自尊心造成不良影响，增加一些积极的话语可以抵消这种不良影响。因此，当人们需要给予负面反馈时，常采用三明治表扬法，即在两个积极反馈中间穿插一个消极反馈。

问题是这种表扬方式容易令人困惑，对盆景小孩而言尤其如此，他们已经习惯了接收积极反馈；也有很多人选择只听积极反馈，对消极反馈视而不见，结果是自己仍然没有任何进步。

三明治表扬法还存在一个问题，这种表扬和批评 2：1 的比例结构，使得批评看起来是多余的。"你跑得很好，你没有加入曲棍球队，你的球也传得很好"这种话是无意义甚至带有蔑视意味的，"你的鞋子很漂亮，你没有升职，你的裙子真漂亮"。自恋者可能对表扬信以为真，对批评不屑一顾。

当你在表扬别人时，
应确保你的表扬名副其实。

记住，尽量避免使用三明治式表扬法，不要使你的表扬变了味道。

不要让你的情绪凌驾于孩子的成就之上

当孩子放学回家告诉你，他们在学校达成什么样的成就时，你会很开心。我所说的成就不是指学校颁发的形式化的奖状，父母应该明白我说的是哪种，就是班里人人有份的那种奖状，如"最佳握笔姿势奖"或"好好吃饭奖"等，那些都不算真正的成就。我说的真正意义上的成就类似这些：孩子通过不懈努力进入球队，在努力许久之后写出优美的作文，以及与同学们相处融洽，等等。

很多父母在面对这种情况时会说："我为你感到骄傲。"我知道这些话是父母的肺腑之言，不过它背后另有含义。

当父母告诉孩子，自己为他们感到骄傲时，本意是想让孩子感受到父母对他们的支持和爱。但是如果父母经常这么说，可能暗示他们已经高度卷入孩子的事情，有证据吗？比如有多少父母会在社交媒体上事无巨细地晒孩子的成就？有多少父母会当着孩子的面与朋友分享这些信息？父母这么做是不是在向孩子暗示，他们的成就对父母而言十分重要？

如果父母总是告诉孩子"我为你取得的成就而骄傲"，意味着他们是在评判孩子的成就。孩子可能对父母的肯定产生依赖，失去努力的动力，也失去了为自己感到骄傲的能力。

父母最好让孩子自己对成功感到骄傲，
并认可孩子为了获得成功而付出的努力。

理想的情况是，当孩子取得成就时，父母说"哇，你一定很高兴吧，你真的努力完成了这个工作"或者"你一定感觉很棒，我知道不去招惹约翰尼（Johnny）是一件很难做到的事"，甚至可以是"天啊，这实在是一个了不起的成就，你是如何做到的"。

这样，孩子能感受到父母是真的在为他们骄傲，不过这种骄傲也不会掩盖他们自己对获得成功的喜悦与成就感。虽然父母向他们表达了肯定，但孩子认可的是自己。这样孩子就可以做到，在没有他人肯定的情况下，也可以为自己的成功而自豪。当然，父母偶尔告诉孩子自己为他感到骄傲也没什么问题，重要的是不要让自己的情绪凌驾于孩子的成就之上。

面对孩子的成功时，不要比他们更激动

我同样建议父母，在孩子取得成就时，请不要比他们自己更激动，与孩子保持差不多的兴奋水平就可以。

为什么要这么做？这是我在早期学习临床心理学时学到的一个经验：咨询师永远不要比来访者激动。如果咨询师比来访者兴奋，相当于在向来访者暗示，他们（来访者）并不是咨询工作的中心。

比如我的来访者说，他们已经完成了家庭作业。如果我很兴奋，但他们反应平淡，就表明他们在这个家庭作业上的投入比我少，也意味着我比他们更关注他们的进步。在这种情况下，接下来的咨询进程将令人担忧。因为事实上，最不关心此事的

来访者本该是改变的行动者，咨询师只是一个试图说服来访者做出改变的人而已，但来访者可能还没有做好改变的准备。

这种情况也常见于父母在和孩子讨论学习成绩之时。如果父母比孩子更在乎学习成绩，时间一长，父母的热情会让孩子对自己的学习成绩变得漠不关心；再过一段时间，孩子就会认为，他们是在为父母，而不是为了自己学习。家长对高分和对孩子成功的渴望常常强化了孩子的这一印象。

聪明的孩子还会利用这一点来操控父母，他们轻易就能操控父母的情绪。父母的过度热情会对孩子产生消极影响，令孩子产生要获得好成绩的压力。有时这种热情也会削弱孩子对于任务的热情，他们认为成功是做给别人看的，而不是对自己努力的回报。

不要用表扬或奖励来感谢孩子

如果孩子做了他们本应该做的事情，比如上学、交友、获得学习和体育方面的成就，那是他们自己的成就，父母无须表达感谢。如果孩子帮助你设置手机系统，帮你把办公用品搬到车上，或者捡起你的眼镜，那么这些属于在某种程度上帮助了你，你可以对孩子表达感谢。

同样，父母也无须对孩子自己已经感到骄傲的成就表示奖励。如果他们在球赛中进了球或在学校表现良好，父母不用花钱给他们买礼物，这样反而会削弱他们做这些事情的内部动机。

研究表明，外部奖励会降低孩子完成任务的内部动机，他们会认为完成任务是为了获得外部奖励，而不是因为他们享受或喜欢做这件事情（内部动机）。所以，如果孩子一进球就能获得 5 元的奖励，他们会认为自己在为了钱而踢球，而不是因为自己喜欢足球。这种情况也会发生在父母告诉孩子，他们只有把青菜吃了才可以吃点心的时候，他们以为这么做孩子会喜欢吃青菜，但孩子不这么认为，他们会为了吃甜点勉为其难地吃青菜，但这种做法无法从根本上改变孩子的挑食问题。

避免事无巨细地评论

不知从何时开始，有些父母觉得需要对孩子所做的每一件事都评价一番，有这必要吗？难道亲子关系已经脆弱到需要靠诠释、评价孩子的每一个行为来维系了？难道他们的自信这么脆弱，以至于父母要对一些无足轻重的事进行过度表扬，才能增强他们的自信？

如果父母真是这么想的，是不是在暗示孩子，他们需要父母不断地表扬才能面对生活？父母对他们的爱永远在线，他们依赖父母的表扬和肯定才能活下去？

你家也这样吗？还是你把孩子养成了时刻都需要被关注的对象？你是否曾在无意中教导孩子，爱不是发自内心的，爱需要仰仗他人不断的关注和不真诚的奉承？你对孩子的回应，会不会无意间让孩子将你视为他们成功路上唯一的裁判？你有没有给他们评价自己表现的机会？你对他们成功的碎碎念，是否会让他们害怕失败、变得平庸，导致他们总喜欢寻求你的认可和安慰呢？

如果是这样，你需要减少对孩子的表扬，减少不断的评论。你要对他们所做的事情，无论成功还是失败，都表现得淡定一些。你的一点点冷淡不会让孩子觉得你不关心他们，你应该让孩子知道，相比他们的成功，你更在乎他们本人，这就可以降低他们的成功压力。只有这样，孩子才能接受真实的自我，并学会自己承担责任。

> **温暖的教养不是不停地表扬孩子，**
> **而是接受孩子原本的样子，并相信他们可以**
> **成为自己想成为的人。**

花时间与孩子相处，陪在他们身边，做真实的父母，这样父母才会对自己充满信心，孩子也会爱你并接受你作为父母的真实样子。

这有很多信息需要消化，所以我来给你一些细致的指导，以下是一些场景和一些理想的回应方式。

"嘿，来看看这张我刚画的画！"

"哇，你是怎么挑选这些颜色的？"

"嘿，看那个！你最喜欢哪个部分？"

"天啊，这是个大工程，你花了多少时间？"

"你真的非常有想象力，告诉我你都画了些什么。"

"我加入了新团队！"

"哇，你所有的努力都得到了回报，你一定非常自豪！"

"天啊，你感觉怎么样？"

"你一定为此付出了很大努力，做得真棒！"

"我没能加入团队。"

"太遗憾了，但是你应该为自己已经尽力而感到骄傲！"

"那太令人沮丧了，但是你确实尽力了。"

"真可惜，接下来你有什么打算？"

"我对游泳一窍不通。"

"我们没办法擅长每一件事，每个人在刚开始学习一种新技能时都会觉得很困难。"

"我看得出你已经很尽力了。"

"嗯，你在那堂课上很快就放弃了，如果继续努力，会不会游得更好呢？"

"还记得你学会骑自行车的事吗，你也不是一开始就会骑的，努力尝试才能学会。"

"我不擅长骑自行车。"

"不，别这么说，你还正处于学习阶段。"

"这是我的成绩单。"

"你觉得自己考得怎么样？"

"告诉我这次考试有哪些地方令你感到自豪吗？你为什么对这些地方很满意？有什么地方令你不满意？你想在那个题目上做得更好吗，你打算怎么做？"

你的孩子试图拼装一个玩具，但他们不能拼对地方并且有了挫败感。

（你不必说什么，给他们时间让他们自己解决。）

"你觉得我的衣服怎么样？"

"你自己喜欢吗？"

"你自己觉得怎么样？"

（点头，微微一笑。）

显然，这些反应并不是一成不变的，但是我建议你在回应孩子时考虑以下几点。

如果你的表扬过度了，倾向于感谢他们，不合时宜地告诉他们你为他们感到骄傲，或者称赞了他们很聪明……其实也没什么大不了。不过我还是建议父母学习一下本章所提的建议，并将它们穿插在你的回应之中，这样孩子可以确保他们是被爱的，会感到世界是安全的，并愿意继续和你维持良好的亲子关系。如果你这么做，那么当他们没有你的指导或安慰时，也可以建立起真正的自信，真正的自信是不会被别人轻易拿走的。当你的孩子有这样的信心时，他们会真正独立，走向世界。

总结

虽然你对孩子的爱和关心很重要，但要确保你善意的行为不会损害孩子的自尊，或者影响他们对自己的成就感到自豪的能力，我们在本章讨论的策略有以下几点。

- 与你的孩子共度时光并给予他们爱。
- 保证亲子共处的质量而非时长。
- 安排好与大孩子共处的时间。
- 有效使用表扬。
- 根据孩子的年龄调整表扬方式。
- 确保你的表扬是发自真心且适得其所的。
- 表扬孩子的努力而非天赋。
- 确保孩子可以为自己的成就而自豪。

第十章
帮助你的孩子成为受欢迎的玩伴

很多父母都担心自己的孩子是否受欢迎以及他们与人交往的能力如何，虽然我们无法清除孩子交友路上的所有障碍，不过这一章，我将为父母提供一些帮助孩子提升社交能力的方法。

担心孩子人缘不好的父母往往投入大量精力帮助孩子经营社交圈。现在很流行的一种观点认为，自信可以提升人缘，所以很多父母认为，只要他们的孩子足够自信，他们便一定受欢迎。

毫无疑问，亲人的重视和爱让孩子在走进外面的世界时更有安全感。但是，如果父母给予孩子过度的关注和爱，这些孩子能否像父母期望的那样，更好地融入社会？事实上，有时父母眼中的完美孩子是很难合群的。

自信有助于人际交往，但是成功的人际交往还包括其他品质。你可以回想一下你的好朋友身上具备的优点，他们善于融入团队，他们尊重并善待他人，平易近人，他们不过分以自我为中心，等等。本章，我们将主要探讨如何帮助孩子发展这些品质。

如果父母能帮助孩子提高他们的人际交往能力，孩子也会与父母相处得更加愉快。现在不少20多岁的年轻人，甚至30多岁的人还和父母住在一起，本章内容也许可以帮助你在未来更愉快地与成年孩子相处。

帮助你的孩子学会为他人着想

下面是一些可以帮助你的孩子学会与他人相处的实用方法。

不要总是让孩子自命不凡

现在流行的一种养育方法是让孩子觉得自己很特别，比如有的家长把孩子的画作挂在家里的墙上。这些父母通过这种方式展示他们有多么疼爱和重视孩子，他们甚至可以将孩子的画作集结成册甚至出版，这样孩子就可以成为名人。我们小时候的英雄可能是《野兽家园》①中的马克斯（Max），而现在孩子心目中的英雄可能是他们自己！

父母认为自己的孩子很独特并且很爱孩子，这是没有问题的（无论他们如何令人头疼）。如果父母总认为自己的孩子是独一无二的，对孩子的成长而言则并不是一件好事。如果孩子已经习惯了这种被优待的做法，一旦某天别人没有优待他们，他们将难以适应。

---

① 《野兽家园》改编自美国插画作家莫里斯·桑达克（Maurice Sendak）的儿童画 *Where the Wild Things Are*，本画讲述了一个小男孩因赌气离家出走，走进了一座住着很多毛茸茸的小动物的森林，他和小动物们团结互助，共同抵御外来侵略者的故事。——译者注

　　我们来看一些类似的例子，在一些关于成年人的心理咨询中，我发现一个有意思的现象：我们在与一个特别以自我为中心的人相识之初，很容易同他产生争执。我并不认为是关系不好导致了这种争执，而是我们的关系反映了他本就存在的问题。比如，萨莉（Sally）已经习惯了男朋友事事围着她转，如果她遇到了有主见的朋友，那么她将不大愿意调整自己，也不愿意在某些问题上与朋友达成共识，因为她已经习惯了所有事情都顺着她的意思去做。这时，她可能认为是朋友对她太苛刻了。这是朋友的问题吗？显然不是，而是因为萨莉的生活环境变了，那种全世界都围着她转的生活发生了变化。

　　当盆景小孩已经习惯了他人围着他们转并满足他们的一切需要时，将很难适应家庭以外的世界。

> **那些在家过着有求必应生活的盆景小孩，**
> **往往与其他人不太合拍。**

　　我们容易忽略归属感也可以令我们感觉良好的事实。事实上，比起合群，独一无二可能更令人感到孤独。

不要总是让孩子成为他人关注的焦点

　　让孩子学会融入群体非常重要，不要总是让孩子成为焦点。父母要让孩子看到，父母也关心别人和他们自己的需要。父母在和其他孩子的父母或朋友聚会时，可以带点玩具让孩子自己玩，然后把注意力放在成年人之间的聊天上，而不要总是关注孩子。父母可以和孩子交流，比如偶尔回应他们或表扬他们的良好行为，但不要过度关注，避免将整个谈话都集中在孩子的身上，也不要只和孩子说话。父母和孩子在一起时，应该选择采取成年人的聊天方式，父母不是仅仅只有父母这一重身份，他们也可以聊一些与孩子无关的话题，这样有助于孩子学会自娱自乐或独处，这对他们大有帮助，当孩子到了一个没有熟人的场合时，他们也能自娱自乐或独处。

如果你对孩子笑脸相迎，但是转身对着伴侣大声呵斥，这可能会在无意间令你的孩子觉得自己是家里的小公主或小皇帝。你和伴侣或朋友打招呼时，也要像对待孩子那样热情并充满爱意。如果你是单亲爸爸或单亲妈妈，可以在陪孩子时给朋友打电话、聊天，也可以看书、看杂志，或者在孩子自己玩的时候看一些你喜欢的电视节目。

你还记得自己最近一次与伴侣约会是什么时候吗？可能有些家长记起上一次彼此陪伴是对方陪产，这不是约会，是分娩！如果你们已经很久没有单独约会了，你可以看一下日程表，安排一次只属于你们两个人的约会，请一个保姆照看孩子。父母要让孩子适应，他们是把伴侣而不是孩子放在关系的首位。单身或分居的父母，可以约朋友一起出去玩。父母需要远离养育生活，而与其他成年人开展正常的社交就是一个很不错的开启远离养育生活的机会。

让孩子习惯成为群众演员

我的第一份工作是高中戏剧老师，我有时也会在一些小学上课。在女子学校时，扮演童话故事很受学生们的欢迎。不过在这些故事中，总需要一个人来演公主，怎么安排这个角色有时令我头疼。班里 20% 的女生都想演这个角色，因此，我不得不安抚那些落选且只能演群众演员或次要角色的女生，在选择音乐剧或戏剧的主角时也存在同样的困难，但以前不是这样的。

现在学校里的戏剧课老师估计都要配备律师，这样才好应付那些落选的学生和来自他们的家长的纠缠。

生活中，大多数人都是群众演员而非主角，
那些适应普通人角色的孩子，
对生活的适应能力也更强。

为了帮助孩子当好一个普通人，家长可以让孩子参与团体活动，比如加入体育队或兴趣小组。足球、篮球、篮网球[①]、橄榄球、啦啦队、曲棍球和棒球等，都是大家为了同一个目标而努力，而不是让某人成为超级明星的活动。我建议父母让孩子参与团体活动，这样他们就可以学会如何与组员合作，也会学着接受同伴出现的失误，比如没有接到球或投篮不中等，这将让他们获益良多。更重要的是，他们将和别人合作，一起承担或输或赢的比赛结果。在这种情境下，孩子不会获得所有人的关注，但他们也不会因此受到影响。

帮助孩子学会尊重他人及他人的需要

一个人要想成为一个"受欢迎的人"，需要懂得关心别人、尊重别人，父母该怎么教孩子尊重他人？以下是我推荐的方法。

---

① 又称英式篮球、投球或无板篮球，是澳大利亚、新西兰两国最盛行的女子团队运动。篮网球比赛共分 4 节，每节 15 分钟，比赛时每队上场 7 名球员，他们各自有不同的任务，分别站在球场上的特定区域内，不得超越区域，篮网球的比赛目的与篮球一样，运动员要将球投入对方的篮筐内，但篮筐背后并无篮板。——译者注

让孩子学会妥协

你是否有过这样的经历，大家一起进电梯，你很自然地按下电梯的按键，这时电梯里的孩子大声咆哮，他的父母转而向孩子道歉。你可能意识到，在这个电梯里，只有孩子才可以按那个按键，而你抢了他的工作，你转身道歉，但孩子一直哭闹到五楼，仅仅是坐一次电梯，就让你有了"不配做人"的感受。

别人按了电梯的按键对孩子来说不是什么大事，成年人也无须为这种事情向孩子道歉。如果他们道歉了，孩子会觉得他们确实拥有控制电梯按键的权利。当然，孩子喜欢控制按钮没有问题，但是他们需要学会适应不是什么事情都必须顺着他们的意愿。那些能意识到他人需求的孩子，无论在当下还是未来，都将拥有良好的人际关系。

还有，不是父母就一定要吃烤焦的面包，最大块的蛋糕或者最后一块比萨就一定是孩子的。父母要让孩子慢慢学会理解他人的需要，学会调和自己和他人的需要。父母要教育孩子，他们在拿走最后一块比萨前，要问一下别人。有时，父母也可以拿走最大块的蛋糕，而无须向孩子道歉。

身为父母，你还要收回对电视的控制权！你可以从孩子手中拿回遥控器并转到你想看的电视节目，或者可以选一个你和孩子都喜欢的电视节目，而不是让孩子霸占电视。还有很多方式可以让孩子学会妥协，比如，不要总是让他们决定在车内播放的音乐、周五晚上看的电影、点的外卖或者该玩的游戏。父母不要总是让孩子掌控一切，要让他们习惯成为第二、第三名，甚至是倒数第一名。

让孩子学会理解并适应他人的期望，
从而从容面对他人的胜利。

在孩子逐渐长大后，与孩子协商怎么安排家务、假期怎么安排、去哪个公园玩时，父母要让孩子学会协商，而不是成为家中唯一的决策者。

教孩子学会尊重他人

父母是孩子重要的榜样，孩子会习得父母的价值观和信念。所以，父母要尽量避免当着孩子的面批评别人，而要尊重权威、关心朋友、考虑他人的需要。父母还要从小处着手，为孩子做一些良好示范，比如把购物车推到回收点，并告诉孩子，他们这么做是为了方便他人。带孩子乘坐公共交通工具，并教他们为老人、孕妇或残疾人让座；教导孩子在乘坐电梯或公交车时，要等打算下车的乘客下车后，自己再上车；还要教他们等前面的人通过路口之后自己再过；教他们和别人打招呼时要看着对方的眼睛；教他们如何握手，等等。在孩子长大后，教给他们待人接物之道。例如学会餐桌礼仪，等饭菜都上好后再动筷子，不要把手机等电子产品带上餐桌或者在吃饭的时候玩游戏，教他们如何正确使用餐巾纸等。

教孩子这些事情会不会已经过时了？有可能，不过重点是通过这些事情，让孩子知道尊重他人的重要性，这些礼仪可以确保我们不让自己的需求凌驾于他人之上。一个懂得体贴别人的人也是非常好相处的，父母要培养孩子这种良好的品质。

培养孩子的同理心

好朋友能理解我们，对我们的体验感同身受，也能注意到我们的需求。父母可以通过鼓励孩子留意他人的情绪和体验，让孩子学会拥有同理心，而不是只专注自身。

比如，在和孩子一起看电视剧、读书的时候，父母可以跟孩子探讨其中人物的感受，鼓励孩子通过他人的面部表情或处境推测他们内心的感受。父母也可以给孩子讲述自己同事心情不好时的经历，并让孩子知道你是如何给同事处理情绪的独处时间，或者你是做了什么来表示对他们的理解的。能站在别人的角度看事情的孩子不容易感情用事，他们可能会把朋友说的刺耳的话归因为朋友自己心情不好或身陷困境等，孩子的这种做法要比什么都往自己心里去要好得多。

> 学会站在别人的角度看问题，
> 可以让我们对一些小事一笑而过。

为了帮助孩子理解并面对别人的情绪低落，当父母偶尔心情不好时，可以和孩子实话实说，比如："我有点烦，我想去花园里松松土，让自己舒服一些。"当孩子做了错误的选择时，父母也可以和他们聊聊这件事会如何影响到他人，以及他们可以怎样弥补等，在第十二章，我们还会对这一问题进行更深入的探讨。

培养孩子良好的举止风度

大家都喜欢快乐的人，没有人会喜欢一个满腹牢骚的同事或朋友。我刚参加工作时，有一个同事经常在大家喝咖啡的时候发牢骚，说她的生活有多么艰难："三次！今天早上上班前我洗了三次衣服！"她能把你讲的任何一件美好的事情都说成负面事件："嗯，你可能认为在海滩上可以度过美好的一天，但是别忘了，那里有鲨鱼啊！"她总是令人筋疲力尽，导致我的心情每次下班时都前所未有的差。尝试改变她的负面情绪会耗光我所有的精力，但是认同她的观点又会令我对这个世界感到绝望。

有的盆景小孩也是这样，他们会通过怨天尤人博得他人的关注，他们会认为别人做所有事情都是针对他们的，并且过度关注别人犯下的错误。一开始，父母还可能迎合他们，时间一久，这种"安抚和激励"将令父母疲惫不堪，有的父母甚至陷入孩子无止境的消耗之中。那么，父母要如何改变这种情况呢？可以试试以下策略。

多关注积极的体验

很多父母喜欢帮助孩子，这让他们觉得自己有价值。如果孩子回家告诉父母今天过得很好，很多父母会笑着回应"很好"或"太棒了"，他们会认为，孩子今天过得很好，没有什么需要父母介入或帮助的。

如果孩子回来告诉父母自己今天遇到了困难，比如被其他同学欺负了，或者被老师讨厌或嫌弃，这时，父母会觉得自己被孩子需要，他们将化身超能家长（super parent），帮助孩子解决一切烦恼，抚慰孩子的一切痛苦。父母会立刻行动起来，鼓励孩子把所有事情告诉他们，然后安慰并支持孩子，直到孩子心情变好。父母甚至会用零食抚慰孩子的悲伤，或者亲自给学校或对方的父母打电话沟通此事。

聪明的孩子很快便学会，如果他们向父母报平安，父母可能不会在意；如果他们对父母说今天过得很糟糕，父母就会十分关注他们。所以，他们会故意搜寻一些针对他们的事情，这样就可以得到超能家长的关心。问题是，如果父母把孩子变成"负能量南希（Nancy）"或"忧郁马克斯"①，那么父母则必须不停地帮孩子"擦屁股"。

如果你的孩子对你说今天过得很好，你要给予同等甚至更多的关注，可以问问他们今天发生了什么好事情，把关注点放在引导孩子分享美好的事物上，少关注些鸡毛蒜皮的事。父母可以努力让孩子多关注那些发生在他们身上的积极事件："哦，那太可惜了，不过你不会一整天都这么倒霉吧。你今天遇到的最棒的事是什么？"通过这种方式，慢慢地，孩子就会通过与你分享一些积极体验来吸引你的注意。

无视无言的牢骚

生活中有一类人，他们并不是通过说话发牢骚，而是一言不发，经常长叹一口气，或者猛地关上抽屉，或者总是噘着嘴。他们会通过不断地制造噪声或者做一些奇怪的表情引起别人的注意。如果有人问他们怎么了，他们便趁机倾诉自己的问题，这使得倾听者很难拒绝或无视他们的牢骚。

被父母过度关注的盆景小孩或青少年也期望父母会留意他们的每一个表情并对此做出回应。盆景小孩只要皱一下眉，父母就会冲过来看看他们到底怎么了；只要轻叹一口气，父母就会努力满足他们的需要。实际上，很多父母都是看孩子脸色行事，所以聪明的孩子自然会利用噘嘴或无病呻吟提要求，他们知道

---

① 文中的南希和马克斯不是指真实的人，而是指充满负能量或者容易忧郁的人。——译者注

只要这么做，就可以轻而易举地得到好处。

麻烦的是，这种做法会造就满腹牢骚的年轻一代。如果你家的孩子是这样的，你需要做点事情改变他们。

如果孩子经常因为一些琐事而使用非言语行为吸引你的关注，比如唉声叹气、皱眉、嘀咕、无病呻吟、摔门、叉腰、用鼻孔出气等，你要学会无视他们的表达，继续做你手头上的事，也不要问他们到底发生了什么或者问他们心情好不好。你要知道，他们就是想得到你的关注，为了引起你的注意，他们可能会闹出更大的动静，或者挤眉弄眼，更加虚张声势。你只需一直假装没看见，直到他们主动来找你并请求你的帮助。

如果孩子通过做一些坏事，比如伤害自己、他人或者挥霍财产等来表达不满，那么父母就要给他们一点颜色看看，不用问他们为什么要摔门或踢沙发，因为他们会辩解称自己不开心，父母可以说："你这种行为非常糟糕，你需要面壁思过[①]。"

通过这种方式，你将让孩子学会，如果他们想改变处境，需要主动找你并请你帮忙。他们来找你的过程会促使他们思考自己面临的真实困扰是什么，你也可以帮助他们用更有建设性的方式向你求助，如果他们要求的是一件无关痛痒的小事，那么他们就得努力让它听起来合情合理。当他们学会用正确的方式表达需求，而不是通过抱怨、牢骚或愤怒表达时，你们将相处得更加愉快。

---

① 暂停冷静法（Time out），是国外的育儿方法，即在孩子犯错后让孩子回自己房间静一静，或者让他们对着一堵墙好好反思一下。暂停冷静也叫冷静期、隔离期。本书第十二章、第十四章将进一步介绍此方法及其运用场景。——译者注

漠视牢骚

如果你的孩子总喜欢发牢骚，你也可以无视它们。你可以说"我听到某人在说话，但是他的话里有好多牢骚，以至于我听不清楚他在说什么"，或者"今天车里坐的是'抱怨精'奥马里（Omari）吗？我真希望是'开心奥马里'，这样我就可以跟他说说话了"。

需要强调的是，你这样是在教孩子怎么用愉快的语气沟通，这种技能可以帮助他们变得更加好相处。

善于提问

为人父母是一项艰巨的任务。很多时候，父母坐在办公室或家里，虽然远离了孩子，但还是会担心他们。在孩子开学第一天，父母会担心他们能否和新同学好好相处；当孩子对同学或师生关系感到困扰时，父母会担心孩子能否自己搞定。总而言之，孩子担心的事情父母也会跟着担心。由于父母的认知能力高于孩子的，他们的担忧更甚于孩子。

父母在担心一整天后，见到孩子问的第一件事便是他们最担心的事。所以，你会看到父母问："今天是开学第一天，你在学校过得怎样？你有交到新朋友吗？"或者"史密斯（Smith）老师今天对你好吗？""雨果（Hugo）今天和你一起玩了吗？"父母问这些问题无非想让自己安心，进而确认他们最担忧的事情没有发生。但是他们这么做无意间为孩子增添了很多压力，这种询问会让孩子觉得自己有必要令所有人喜欢，而且父母的这种问法可能让孩子最先想到自己今天遇到的最差劲的事。

尽量避免让孩子的困难成为亲子交流的重心。

各位父母请放心，如果你经常和孩子聊天，他们会把自己遭遇的所有困难都告诉你。父母可以从一些更为宽泛的话题入手，比如"你今天在学校怎么样"或"你今天过得怎么样"，这种问题会让孩子回想这一天他们是怎么度过的，而不是把注意力放在某个特定的困难事件上。这样做，不仅可以帮助孩子形成更为积极的人生观，还可以让孩子变得更容易相处，也可以帮助他们交到更多的朋友。如果你的孩子和你谈起他们所遇到的困难，你可以怎么做？我将在第十一章探讨这一话题。

培养幽默感

孩子需要和不同的人打交道，他们需要适应不同的社会环境，最重要的是，他们不能太把自己或生活当一回事，生活中的很多事情都不是生死攸关的大事，幽默对待生活中的一切将让人更加幸福。

在这方面，孩子做得更好，如果你去过游乐场或托儿所，你会发现孩子很擅长对事情一笑而过，而不是把它们放在心上。

幽默对待生活可以使孩子明白，
有些问题不用太放在心上。

一家人可以常常开怀大笑，父母可以让孩子看到自己的幽默感，也可以让孩子知道生活不需要太严肃，即使遇到棘手的事情，大家也可以共同快乐面对。父母和孩子可以一起做一些小事，比如开个傻气的玩笑逗逗对方，或者互相调侃一下，这些都有助于教孩子学会不要把所有事放在心上，他们也能够更好地应对来自同伴的玩笑。

虽然我们会和相处得最舒服的人开玩笑，但有时我们也会把玩笑视为一种欺凌。在第十五章我会讨论欺凌这一话题，不过我可以向你保证，如果你的孩子不需要别人以他为中心，也不太把自己当回事，他们可以很好地应对人际关系方面的困难，他们自己也会快乐很多。

如果你的孩子在交友方面遇到困难，你该怎么办

作为一名临床心理医生和育儿专家，我发现一些父母非常关心孩子的交友能力。当孩子刚进入一所新学校时，父母担心孩子不适应，又或者当孩子转到一个新班级时，父母因不了解班级里的其他孩子而担忧。若孩子需要结交朋友，父母也可以运用下面这些策略帮助孩子建立人际交往方面的自信心。

教孩子如何应对不如意的事

许多盆景小孩已经习惯了以自我为中心，所以他们比较难以适应人际交往，也无法在正常的社交中学会退让。

如果父母想帮助孩子适应人际交往中的挫败，可以提前让孩子体验一下挫败，不要总是帮助他们解决问题。如果孩子无法容忍事情没有按照他们期望的方向发展，那么父母没有必要认可孩子的这种看法，可以让孩子知道，不是所有事情都会按照他们期望的方向发展。如果你把你们的关系定位在亲子关系而非朋友关系上，一切就比较好办，父母也可以鼓励孩子寻找与自己同龄的朋友。

教孩子如何自得其乐

父母不要费尽心思帮助孩子安排所有活动，要让他们学会

独自在家里玩耍，这样他们就知道如何自得其乐了。这也确保他们在刚进入一所新学校时，在没有交到朋友的情况下，依然可以自得其乐。

当你在陪伴孩子时偶遇自己的朋友，不要让孩子成为你们聊天的重点。要让孩子明白在没有他人持续地安慰和关注下，他们也是可以很自在的，你可以带一些玩具或书让他们自己玩。事实上，看到你和你的朋友在一起，会让孩子明白友谊的价值，你为他们示范了在交谈时应如何互相谦让，以及如何对他人表现出兴趣并保持礼貌，这些对他们的未来大有裨益。

教孩子如何交友

虽然许多孩子天生知道如何交朋友，但还是会遇到一些困难。

一个最简单的教孩子交友的方法：让他问另一个孩子是否可以一起玩，然后让孩子跟着同伴做一样的事。

所以，如果其他孩子正在挖沙子，你的孩子应该加入其中，如果答应一起玩的孩子跑向操场的另一边，那么你的孩子也应该加入他们。父母可以教给孩子一些技能，让他们在人际交往中保持自信，也可以教他们在遇到别人时看着对方的眼睛并叫出对方的名字。

父母帮助孩子学会如何交朋友的最佳方法之一是给孩子创造大量的练习机会。对于年幼的孩子，父母可以带他们去公园并让他们向其他孩子进行自我介绍，或直接让他们和其他孩子一起玩耍。当你去拜访有孩子的朋友时，不要尽你所能地撮合孩子们一起玩，让孩子自行交流或玩耍即可。

如果你的孩子将在一所学校度过整个学生时代，比如从学前班读到高中，参加户外活动或体育俱乐部可以提高他们的人际交往能力和信心。你也可以鼓励孩子做一些兼职，这样他们可以结识其他同龄人并适应新环境。孩子和成年人一样，如果缺乏练习，他们也不知道该如何交友。

教孩子如何处理友谊冲突

如今，一旦孩子和朋友出现矛盾或问题，有些父母会立刻介入。遗憾的是，这样孩子便没有学会自己解决问题的机会，也丧失了和同伴一起解决问题的机会。

有研究表明，在没有成年人监督的体育运动中，孩子们会更有公平意识，更具体育精神。父母可以冷静一下，看看孩子自己能否处理他们在操场上遇到的问题或者是兄弟姐妹之间的摩擦。如果孩子在学校里和朋友吵架了，父母不要急着给老师或对方的父母打电话，可以坐下来，与孩子一起用头脑风暴的方式解决问题，父母这样也可以教会孩子自己解决问题。

父母要留意自己的担忧和期望

父母要避免自己对孩子人际交往的担忧影响孩子的自信心，在孩子年龄尚小的时候，他们不会在入学的前几个月便交到朋友。如果你的孩子在交友方面进展缓慢，你没有必要担心，有些孩子确实需要多花一些时间才能适应社交。

父母要确保自己问孩子的问题不会为孩子增加不必要的焦虑，如"你今天交到朋友了吗"，这样的问题会让孩子关注到他们缺乏交友技能。父母可以问比较宽泛的问题，比如"你今天过得怎么样"或者"你今天最开心的事情是什么"，父母也可以鼓励孩子问其他人这个问题，让孩子学会关注他人，而不是仅仅关注自己。

如果上面的这些策略还是没有效果，或者身为父母的你还是很担心孩子有社交焦虑的问题，你可以考虑向专业人士寻求帮助。心理咨询师不仅可以帮助孩子，还会教你如何帮助孩子，让你明白你的孩子其实没有什么问题。

在理想的世界里，每一个聚会都会邀请我们，我们可以得到自己梦寐以求的工作，找到心有灵犀的朋友或伴侣，但这是不可能的。如果父母期望孩子一直都是班里最受欢迎的，那也是不切合实际的。不是每一个人都是合群的，如果真是这样，这个世界多么嘈杂啊！父母可以支持孩子结交朋友，但是也要接纳孩子真实的一面，不要迫使一个害羞的孩子变得八面玲珑，这才是他们能给孩子的最好的支持。

总结

父母要帮助孩子成为一个能够面对现实世界的人，而不是一个持续需要他人关注和照顾的盆景小孩。父母可以帮助孩子学会适应环境，这样即使在缺乏父母的关注下，孩子也能发展自己的人际交往技能。

- 不要总是让孩子成为他人关注的焦点。
- 教会孩子尊重他人。
- 关注孩子生活中积极的一面。
- 避免通过发牢骚和非语言方式表达不满。
- 鼓励孩子用幽默的方式思考他们遇到的问题。
- 教会孩子一些社交技巧。
- 留意自己的担忧可能对孩子造成的影响。

第十一章
培养孩子的心理弹性

心理弹性是指个体从逆境中恢复心态的能力。虽然自信和父母的支持在一定程度上有助于孩子发展心理弹性，但个体的心理弹性主要是通过直面挑战和应对挑战培养起来的。

当代育儿观念有一个很大的误区：只有拥有完美童年的孩子才拥有自信和心理弹性，结果事与愿违，我们培养了一些只能适应温室的盆景小孩，这些孩子只适应顺心快乐的生活，却没有做好面对生活挑战的准备。

如果父母不让孩子们经历挑战，那么他们就无法应对困难。

如果孩子没有任何压力，那么他们就没有信心克服困难。

下面我会给父母介绍一些养育技能，帮助父母培养孩子的心理弹性，我会教父母怎样指导孩子面对并克服生活中面临的种种挑战。

何为普通的一天

在我们开始讨论如何帮助孩子应对生活中的困难之前，我们先要明确，普通的一天是什么样的。

- 虽然我们拥有过美好的日子，但是我们的大部分生活是悲喜交加的，总会有那么几天令人不满意，总有一些日子糟糕透顶。

- 在我们所遇到的人里，有很多人喜欢我们，有一些人非常喜欢我们，还有一些人不喜欢我们。

- 我们有时会努力，有时会放弃，努力也不一定都是有回报的，有时无心插柳柳成荫，有时有心栽花花不开。

- 无论制度如何完善，总会有不公平、不如意的事情发生。

- 有些坏人可能暂时逍遥法外，但总有一天，他们会被绳之以法。

- 有时美味的冰淇淋会掉在地上，我们可能偶尔打碎自己心爱的花瓶，或者好不容易放假却感冒了。

- 没什么好抱怨的，这就是普通的生活，有得有失。

如果你的孩子明白以上这些才是生活的本来面目，那么他们会做好迎接生活的准备。如果父母期望通过保护孩子让他们远离失望或不公平造成的影响，将会让孩子对自己的未来产生不切实际的期望：一切都必须是公平的，所有的付出一定是有回报的，人人都可以得到爱。如果孩子从小只体验成功，那么他们将很难应对生活中的困难和挑战。孩子不仅要知道生活中有很多困难，而且要学会克服困难，接受困难是生活中的一部分，他们还需要学习如何处理因事情进展不顺而引发的消极情绪。

当孩子情绪化时，父母该怎么办

孩子的情绪是养育过程中一个非常值得关注的问题。对我们来说，情绪非常重要，情绪可以激励我们完成一些重要的事情，比如努力学习、准备考试，或者帮助我们逃离危险，也可以帮助我们在社交情境中理解他人并被他人理解。

我们现在十分重视情绪，以至于创造了一个用来描述情绪理解和情绪识别能力的心理学专业术语：情绪智力（也叫情商）。高情商的人善于识别并体察他人的情绪，同时也善于觉察自己的情绪，拥有高情商让他们变得很好相处，也有助于他们提升处理人际问题的效率。不过事情总是具有两面性的，情绪觉察也有局限性，这种局限性在父母养育孩子的过程中更加常见。

现在受过良好教育的父母不仅会留意孩子的情绪，还会准备很多应对措施，比如在孩子有了情绪时立刻给予反馈，或者有意鼓励孩子表达情绪等。我在研究和咨询中发现，很多父母采取这些措施的主要目的是让他们的孩子保持快乐。

想让孩子快乐可以理解，但是说服家长相信让孩子一直快乐不是一个好的养育目标就不是那么容易了。

有的父母尽其所能，不断满足孩子的各种需求，这让我感到不安。父母的这些做法可以保证孩子一时快乐，无法让他们获得长期的满足感，也无法增强他们的心理弹性。实际上，父母的一些想保证孩子一直快乐的做法可能适得其反。

> 许多保证盆景小孩快乐的做法，
> 反而会阻碍他们未来的成功与幸福。

下面我们来讲一个例子，在这个例子中，父母努力帮助孩子克服困难，我们从中也可以看到父母的一些典型反应模式。

露辛达（Lucinda）放学后哭着进了家门。她每天坚持练习，还上声乐私教课，虽然她已经很努力了，但是仍然没有当上学校戏剧团的领唱，一个新转来的女孩埃莉诺（Eleanor）却得到了这一角色，露辛达只能参加合唱。露辛达的母亲卡伦（Karen）看着孩子在自己面前痛哭流涕，她的心都碎了。她把女儿拉到身边，给了她一个大大的拥抱，轻轻地擦去她的眼泪，接下来卡伦尝试安慰女儿，下面是一些她可能会说的话，不知道各位读者是否耳熟？如果是你，你更倾向于采取哪种回应方式？

"哦，亲爱的，我真的很抱歉。"

"我们去吃点冰淇淋，这样你会好受点。"

"要不要我给约翰斯顿（Johnston）老师打个电话，看他能不能给你分配一个更重要的角色？"

"我真不敢相信你竟然没有得到这个角色，她们不应该给新来的女孩安排这么重要的角色。"

"哦，这真是太令人失望了，特别是你已经为此付出了这么多，难怪你会这么难过。"

如果你是卡伦，你会选择哪一种？这些都是父母可能会说的话，我们逐一分析一下这些回应分别给孩子传递了什么信息。

哦，亲爱的，我真的很抱歉

这是道歉，但是卡伦为什么要道歉？我猜她的育儿目标之一就是让她的女儿保持快乐。卡伦为了达成这一目标，一定会为露辛达做很多事。我猜露辛达只要对某些事情流露出一丁点儿的兴趣，卡伦就会立刻帮她实现。她可能把"妈妈，快看这个漂亮的芭蕾演员"理解为"快给我报一个幼儿芭蕾班"或者"妈妈，你都没让我学芭蕾，你没能帮我创造一个快乐的童年"，如果母亲这么努力，露辛达的生活一定是顺风顺水的。

有些事情会超出父母的能力范围，比如孩子可能遭遇糟糕、困难、令人失望的事，而此时父母可能没有在他们身边。所以，当父母向孩子道歉时，其实是在为自己没能在他们身边提供帮助而道歉。卡伦可能会在那天夜里怀疑自己给女儿选择的学校是否合适，她可能会想，"我是不是应该把她送到一所规模更小的学校里？这样就没有那么多的竞争对手，她才会脱颖而出？"或者她会开始怀疑自己之前的做法，"我是不是应该早点给她报声乐课""我是不是应该多去她的学校当一当志愿者"。深夜，另一些疯狂的想法萦绕在她的心头，"是因为我太早重返职场才导致了这种结果吗？这会不会影响她的未来"，"如果我再多用母乳喂养 6 个月，她会不会更有唱歌的天赋"，或者"埃莉诺的父母没有离婚，露辛达是因为我离婚才痛苦的吗"。在这些想法中，卡伦将女儿落选一事归结为自己的原因。她之所以向女儿道歉，很大程度上是因为她认为孩子的失败是由她的养育不当导致的。

如果父母经常在盆景小孩遭遇困难或痛苦事件时道歉，他们在向孩子传递什么信息？

如果孩子总是听到父母说"对不起"，
他们会认为自己的任何失利都是父母的错。

孩子可能认为，发生任何不如意的事情并不是他们自己的问题，而是由于别人没有尽力，这就引出下一种回应方式。

我们去吃点冰淇淋，这样你会好受点

父母在看到孩子哭泣、失望和沮丧时会心碎。很多书告诉父母，孩子的自尊就是一切。如果在父母面前，孩子的自尊崩塌了，那么父母能做什么呢？

他们可能无法改变结局，但是可以安抚孩子，比如告诉孩子父母很爱他们。但是有的父母为了让孩子感觉好一些，会给孩子一些好处，比如给他们买东西，带他们吃冰淇淋或者点孩子喜欢吃的外卖，为孩子提供各种各样的选择。如果孩子非常失望，那么父母可能会在接下来几天里持续向孩子提供各种各样的好处。他们这样做有什么好处？那就是不仅孩子会感觉好一些，父母也会感觉好一些，因为一切又可以恢复正常了。

寻求舒适是人的天性，让所爱之人感觉舒服本质上也是一种爱的表现，但是这种出于好意的行为背后传递的信息并不利于孩子的健康成长，尤其是在我们试图用这种行为帮助自己的孩子解决生活中遇到的每一次困难或忧虑时。

父母给孩子道歉可能会向孩子传递一个信息：父母无法应对孩子所经历的困难，孩子自己也没有能力且不应该去应对这些困难。一旦孩子出现消极的情绪，父母的行为便暗示孩子，他们应该做点什么事来消除这种不舒服。如果孩子的情绪特别糟糕，父母给予安抚是没有问题的，但是如果每次当孩子心情不好时，父母便这么做，将埋下祸根。孩子会认为，如果生活不顺，就去吃一桶冰淇淋，心情不好就去购物，生活艰难就去借

酒消愁，慢慢地，他们将养成不良的生活习惯。

不仅如此，如果孩子在家以外的地方遇到失望的事情，他们将束手无策。没有人会在遇到坏消息之后立刻收到好消息，好比没有人会说"我已经不爱你了，想和你离婚，不过你看，这是我给你找的新伴侣，她长得更漂亮，也会对你更好"，或者"我们公司不想继续聘用你了，不过我们已经为你找了另一份高薪的工作，祝贺你，你明天就可以上班了。"

当然，当一扇门被关上时，可能会有另一扇门打开，但这只是小概率事件。如果父母让孩子习惯了消极情绪可以在短时间内好转，孩子就容易对生活过度乐观，认为困难和坏心情很容易烟消云散。这样，盆景小孩将无法面对真实的世界。他们在遇到不顺心的事情时，如果自己没有提前做好准备，事后也需要更长的时间来恢复。

下面我们来看另一种反应。

要不要我给约翰斯顿老师打个电话，看他能不能给你分配一个更重要的角色

父母的这种反应也是在暗示孩子，不良的情绪需要也可以立即被消除。这种回应方式不仅会让孩子产生打一个电话就可以解决问题的错觉，还会让孩子觉得，自己是无能为力的，只有父母出马才能解决问题。

父母想为孩子挺身而出没有问题，但是如果父母直接帮助孩子解决问题，将暗示孩子他们自己无法消除负面情绪，也无力改变现状。

父母插手解决问题，将无法使得盆景小孩
学会自己处理问题。

我并不是说父母给老师打电话这件事有错，我只是觉得这不是一种理想的回应方式。对露辛达来说，只是合唱团中的一员也不是坏事，这样她才有机会接受自己只是一个普通人的事实，她还可以借此体验合唱的团队精神。人不能总是想着成为耀眼的明星，超级明星有时也需要退居二线，养精蓄锐，这样反而能让他们成为更好的团队成员。

那么父母要不要找老师沟通呢？理论上讲，父母要接受老师的决定，因为老师才是专业人士，父母尽量不要干涉老师的工作，但他们可以鼓励孩子自己去和老师沟通，让孩子学会自己解决问题。卡伦可以指导露辛达这样说，感谢老师给她加入合唱团的机会，她很开心能参加这次演出，不过她期望自己能够在合唱中担任一个比较特别的角色，如果后续有任何出镜机会，她将很乐意试镜。

卡伦还可以鼓励女儿第二天真诚地向埃莉诺表达祝贺，教女儿如何豁达应对这件事，做一个大度的人，成为一名真诚的队员。

我真不敢相信你竟然没有得到这个角色，她们不应该给新来的女孩安排这么重要的角色

人有时会期望他人成为替罪羊或为问题负责。当我们陷入困境时，可能喜欢把自己的不幸归咎于他人，这样就可以减少自己的负罪感。通过把不幸归咎于他人或运气不好，我们会认为只要足够努力，与对的人共事，自己便能永远快乐并掌控一切。遗憾的是，我们自认为获得的控制感，实际上只是空中楼阁。

我们为什么要这样做呢？人们经常把悲伤或失望转化为愤怒，因为愤怒可以让人感到舒服，有控制感，这样人们就可以回避悲伤带来的脆弱感。作为父母，如果你纵容孩子把生活中的消极事件归咎于他人，那么将导致孩子患有习得性无助。你让他们相信，他们的生活是由环境决定的，是被别人支配的，这也意味着他们自己是没有能力改善生活的，盆景小孩将指望别人善待他们，而不是相信自己可以改变处境。

习得性无助与抑郁密切相关，习得性无助会使人产生我的不幸是由外部世界造成的，我对此无能为力之感。换句话说，个体对自己的生活遭遇束手无策。如果父母在孩子的内心播下习得性无助的种子，那么孩子将无法自信地面对这个世界。

哦，这真是太令人失望了，特别是你已经为此付出了这么多，难怪你会这么难过

这是我比较推荐父母做出的回应，原因有以下两点。第一，这个回应帮助孩子为自己所感受到的情绪命名。承认情绪感受对孩子来说大有裨益。第二，这种回应也向孩子展示了父母理解他们在付出这么多之后感受到的失望，同时让孩子明白，他们对这种情况失望是合理的。父母无须通过帮孩子消除这种失望情绪，将它转变为对他人的敌意，或者给予孩子其他补偿等方式分散孩子的注意力。父母也不必承担解决问题的责任，不必和孩子一起对问题复盘，那样只会强化孩子的失望情绪。

因此，当孩子有情绪时，我非常推荐父母采用这种方式进行回应。

当孩子经历不幸的事情时，该怎么办

针对父母，这里有一些策略。

- 聆听他们对事情的描述。
- 如果在当时的情景下，孩子的情绪是合理的，那么父母就要帮助他们命名并确认情绪。
- 什么都不用做。

下面我们来看看如何运用这些策略。

雨天无法去公园玩了

假设你答应孩子带他们去公园玩，但是突然下雨了。你会说："下雨了，我们没办法去公园玩了。"孩子可能生气或哭闹，你可以对孩子说："你之所以生气、沮丧，是因为你去不了公园，我能理解。"如果他们还是不停地抱怨，那么你可以对孩子表示认同，如侧头努嘴，通过这种非言语的形式向孩子传递"是的，我知道你很难接受这个事实"这一信息，但无须多做解释。

我需要指出的是，你只需要向孩子解释不去公园的原因，不用讲太多的细节，因为去不了是一个事实，讲太多的理由反而让孩子认为你对此内疚。你也不必道歉，因为下雨不是人为原因，即使你会因为去不了公园而心中暗喜。

父母虽然对孩子的生活有重大的影响，但是他们无法控制下雨与否，因此他们不用道歉，父母不要每次在孩子失望时都向他们暗示这有可能是自己的过错，也无须说多余的话，因为该说的都已经说了，孩子需要学会处理自己的情绪，接受他们无法掌控一切的事实。

这不是我想要的糖霜蛋糕

假设你和孩子在咖啡馆排队买小蛋糕，现在只剩下两个糖霜蛋糕，一个粉红色的和一个黄色的，前面还有一个孩子在排队。你的孩子已经决定买哪个颜色了，但是他喜欢的那个蛋糕被前面的孩子买走了，他对此感到难过。

现在你的孩子买到了一个自己不是很喜欢的蛋糕，很不高兴。这时，你最好立刻行动起来，做一些工作。

建议你不要向孩子道歉，更不要打扰前面那个孩子，甚至让他与你的孩子交换蛋糕。事实上，我不建议你做任何可能会增加孩子特权感的行为，你只须平静地对孩子说："现在只剩下这个颜色的蛋糕了。"如果孩子还在发脾气，你可以退掉自己的咖啡并走出咖啡馆，也可以向孩子指出，他的行为是不恰当的，你将不会再为他买任何蛋糕。如果这种事情多次发生，那么你需要给自己提个醒："我可能已经让孩子觉得，生活将永远按照他的意愿来，我必须尽快改变他的这种想法，否则他以后是无法适应生活的。"

我就要……

假设昨天晚上，孩子提出让你给他买一个新的电子产品的要求，你说了不买，不过建议他通过帮家里做一些家务来赚钱买。从前孩子要什么你都会立刻买给他；这次你的拒绝让他难以接受。他开始不给你好脸色看，玩起了老把戏，比如放学回家直接把书包摔在桌子上，大声摔门，唉声叹气等。在这种情况下，你会怎么做？

你不要问孩子"你怎么了"，他正在用一种极为幼稚的方式发泄情绪。如果你总是问他出了什么问题，他会习惯用发脾气的方式和你交流，而不会说出内心的真实感受，如果他的这种把戏不会伤害他自己、他人或家里的东西，你只须无视它。你要让孩子明白，如果他真的想和你一起解决一件事，需要和你进行正常交流，并把他的失望讲出来。

在发现上面的把戏对你不起作用后，孩子可能会说："你真的不会给我买吗，可是其他孩子都有这个东西啊！"这时，你可以冷静地回答："你不高兴是因为你不能立刻得到你想要的东西。"在这种情况下，我甚至建议父母不用理会孩子的情绪，因为他太任性了，他明知你不会买，而且有其他方法得到这一电子产品，但是仍然选择了撒泼打滚这一耍无赖的方式，你不能任由他这么做。

如果你的话激怒了孩子，会怎么样？他可能会变着法子惹你生气、让你内疚，或者不停与你争论。他可能会说，"你从来都不做我想要的事，你怎么不能学学别人的父母""自从我们搬到这个地方，就没有什么事情是顺心的，我讨厌这样的生活"。

孩子之所以这么说，无非想让你内疚、生气或者二者兼而有之。这么做让他有利可图，如果你感到内疚，会心软，也就更有可能顺从他的要求；如果你生气了，他就会变本加厉地哭闹，而不是接受事实。

父母最糟糕的做法就是在孩子哭闹的时候进行情绪化回应，"我爱你，我一直都爱你，我们也对搬家感到很难过，但这是不得已的事"或者"我为你付出了这么多，你怎么可以说这种话"。为什么这些是糟糕的回应？如果父母这么回应，那么孩子更不会消停了。现在，他已经成功地引发父母的情绪化反应，他内心可能想的是，"啊哈，这正是我想要的场面，我们继续吵呀"。青春期的孩子善于争辩，尤其是针对"我们现在的生活并不好"这种观点，他们会有选择地挑出那些能支持他们看法的证据。

父母最好的回应就是重复已经说过的话，如果孩子继续生气，就表明双方间的谈话是毫无意义的，因为能说的都说了，能做的都做了，父母是时候让孩子接受事实并继续生活了，不应继续沉湎于同一件事。

所以整个场景会是这样的。

（关门声）砰！砰！

（你没有回应）
（关门声）砰！砰！

（你没有回应）
（关门声）砰！砰！
（你没有回应）

最后，孩子会来到你身边，叹口气说："我不敢相信你居然真的不给我买，你根本不在乎我。"

你："你是因为不能立刻得到它而生气。"

孩子："学校里的每个人都有这个东西，别人的父母都给他们买，你是最差劲的家长，为什么你什么都不帮我做？"

你耸了耸肩说："你是因为不能立刻得到它而生气。"

孩子："可是你自己有一个，为什么你有，我却没有？这不公平，你只想着你自己。"

你："我们没有必要再讨论这件事了，你已经知道我的决定了。"然后，你离开房间或者让他们去别的地方玩，你告诉他们谈话已经结束了，如果他们继续闹下去，你也可以给他们一个惩戒。

事情处理完毕。

现在我们来对这一策略进行复盘。

- 聆听孩子对事情的描述。
- 如果在当时的情景下情绪是合理的，那么帮助孩子命名并确认情绪。
- 如果孩子想继续讨论，你就再听一遍。
- 如果在第二次描述时，情绪是合理的，你应再一次帮助孩子命名并确认情绪。
- 如果孩子继续抱怨，你可以宣布谈话到此结束，然后走开。
- 如果孩子还在坚持，就给他们一个惩戒。

- 就这样，什么都不用再做。

司空见惯的一天

你的孩子今天放学回家心情不好，昨天他和好朋友聊天，两个人都很讨厌另外一位同学，这位同学之前欺负过你的孩子，但是你的孩子今天发现他的朋友竟然和这位同学走到一起……诸如此类的小事会让你筋疲力尽。

对于这种情况，你需要对问题加以区分，并根据问题的严重程度回应孩子。要记住，不是在孩子回家告诉你有关朋友的所有问题时，都需要你郑重其事，就像导演詹姆斯·卡梅隆（James Cameron）[①] 在解释拍摄《泰坦尼克号》的沉船镜头时所说的，让群众演员在整个过程中都表现得大惊失色是不大合理的，演员的惊恐程度应该与船所处的状态相匹配。他会指导说："船已经倾斜 30° 了，你现在的惊恐程度应该是 5 分。"当船倾斜成 90° 时，会说："你现在的惊恐程度应该是 10 分！"

> **父母不必对孩子人际交往中的每次摩擦冲突都感到紧张。**

如果孩子对你讲的问题无足轻重，你可以根据实际情况回应，这样可以避免孩子总是小题大做。如果孩子讲的只是小问题，你的一个表情或一句简短的"真是太可惜了"就够了。

允许孩子宣泄情绪

如果孩子遇到的问题是比较棘手的，这个时候"允许孩子

[①] 著名好莱坞导演，其导演的作品有《泰坦尼克号》《阿凡达》等。——译者注

宣泄情绪"便是一个好的办法，这一策略对 8 岁以上的孩子来说尤其有用。如果你的孩子容易纠结人际交往过程的细节，比如每天放学一回家就开始剖析自己与人接触时的问题，那么这个策略对他们来说就比较有用。

当确认孩子遇到的问题值得重视时，你首先要确定，什么时候和孩子一起讨论这个问题比较好。虽然你也可以立刻选择倾听，但是我建议你在一些情况下告诉孩子，你现在没有时间听他们说话，或者你在做完晚饭或他们洗完澡后的一小时里，可以听他们讲一讲。这样做对孩子是有好处的，因为在等待之时，孩子们可能自己就把问题解决了，或者他们已经放下此事了。还有一个比较狡猾的做法，你可以把这一话题安排在孩子最喜欢的电视节目快要播放之时讨论。

通过这么做，父母可以帮助孩子识别哪些问题真的需要父母的建议或帮忙，哪些他们根本不必来找父母。父母这么做并不代表他们不近人情，在现实生活中，倾听者并不是随时随地陪在我们身边的，有时，我们必须等待很久才能得到领导、朋友或伴侣的建议。因此，学会如何独自应对一些小问题是一个人必备的能力之一。

如果在约定好的时间段里，孩子对你讲了令他们生气或悲伤的事情，你可以问孩子，他们是只想宣泄情绪还是想解决问题。所谓宣泄情绪，就是吐槽、抱怨一下，但不想如何解决问题，在孩子宣泄时，你可以倾听，但是不要纵容孩子把宣泄变成对问题的反刍（rumination）[①]，因为反刍与抑郁密切相关。

如果孩子只是想宣泄一下情绪，那你就给他们一段时间，

---

① 反刍指个体过度、反复地重温过往的负面经历和感受。——译者注

或者问他们需要多长时间，一般来说 3 ~ 5 分钟即可。宣泄完
情绪后，你们继续做自己的事。你可以这样对孩子说，"好的，
我们在一起看最喜欢的电视节目前，先来谈 5 分钟吧"，或者
"我们可以在去商场买牛奶的路上聊一聊"。身为父母的你是倾
听者，如果孩子的情绪反应是合情合理的，也是对他们有帮助
的，那么你就倾听、命名情绪并帮孩子确认情绪即可。

如果孩子越说越情绪化，而且这种情绪宣泄对他们而言没
有帮助，你可以试试采用苏格拉底式提问，这种提问方法可以
帮助孩子厘清自己的想法，比如："你为什么这么觉得""你确定
对方是那个意思吗？他们说这些话会不会有其他原因"。心理咨
询师常用这种提问方法帮助来访者洞察自己，而不是直接告诉
来访者应该怎么思考。这个方法之所以有用，是因为教一个人
如何洞察自己的处境要比直接给他们建议的帮助更大。

针对同一个问题，孩子最多可以宣泄三次情绪，但是事不
过三，接下来孩子需要思考怎么解决问题。"你这周已经在家里
抱怨这几个朋友三次了，你是不是要想想该怎么解决这个问题，
它才不会如此困扰你？"

父母在和孩子讨论完问题之后，要考虑怎么解决问题，孩
子需要自己想一些可行的解决方案，并分析这些方案的利弊，
最后选择一个执行方案。父母要注意，这些事情都是孩子自己
的责任，父母可以给予指导，但是要把问题解决工作留给孩子
本人来做，这样他们才可以教会孩子解决问题。应授人以渔，
而不是授人以鱼。

其实大部分问题的解决办法是接受现实，或者调整自己的
认知、行为以便于更好地适应现实，而不是一定要把问题解决
掉。如果你的孩子因为被某些朋友拒绝而感到沮丧，这种情绪

通常是无法改善的，对他们来说，最好的解决办法便是接受事实，尝试做一些让自己好受一点的事情，比如重建朋友圈等。

如果有人不想和你的孩子做朋友，那公平吗？不公平，但是生活就是这样的，我们需要学会向前看。

别让孩子拿别人出气

孩子有权利心情不好，但是他们不能把情绪发泄到别人的身上。我鼓励父母树立一个家规：每个人都有心情不好的权利，但也有不拿别人出气的义务。如果孩子不喜欢一项社交活动，那么离开是没有问题的，但是即使他们不能和他人和谐相处，他们也有责任管好自己的情绪。成年人在工作中或与长辈聊天的时候，也不得不控制自己的情绪，孩子需要学习这一技能。情绪并不能让孩子有权对父母或他人无礼，如果孩子无法控制好情绪，那么他们至少应该得到惩戒。

我们在本章讨论的如何处理孩子情绪问题的方法可能对一些父母而言不太舒服，实际上这些方法都是爱的表现。如果父母让孩子沉溺于困难和挫折之中，对孩子是没有任何实质性帮助的。作为父母，我们不应该因为世界上个别的不公平事件，就与孩子过度联结。如果你立即消除了孩子的负面情绪，孩子就没有机会体验这些情绪并学着接纳它们，也无法采取有效行动，孩子也就没有机会体会解决困难所带来的满足感。

> 父母应学会让孩子体验各种情绪，包括负面情绪，
> 这样他们才能建立起面对困难的自信，
> 并养成从困难中恢复心态的心理弹性。

孩子需要学习面对偶尔的情绪起伏，这样他们才有信心面

对生活的每一天，才有能力面对生活中的好与坏。如果孩子偶尔身处逆境，作为父母，你可以同情他们并给予帮助。如果你总是让盆景小孩躲在你的羽翼下，让他们远离生活的不顺，对孩子来说并非好事。

父母如何在孩子面前处理自己的情绪

孩子并不是唯一面对困难和消极情绪的人，父母在遇到困难时也有消极情绪，那么父母该怎么办呢？

父母在孩子面前表达情绪不是什么大不了的事，他们也有权利体验各种情绪。

孩子有能力应对情绪化的父母，
但是如果父母自己都无法应对自己的情绪，
更不要指望孩子。

父母可能会因为亲人离世而痛苦，他们需要让孩子看到自己是怎么渡过难关的。如果父母在生活中遭遇了一些不幸，他们需要让孩子安心并相信事情会好起来的，孩子无须担忧父母的快乐或家人的安全。实际上，我建议父母可以带孩子参加葬礼，不过前提是父母自己能够在葬礼上保持冷静。如果父母做不到，最好不要让孩子看到自己彻底崩溃的样子，这将令孩子们非常担心，在孩子还比较小的时候，情况尤其如此。当父母能够控制自己的情绪时，可以对孩子讲一讲自己的难处，如果父母自己已丧失冷静，他们也要让孩子放心，因为终会没事的。

父母在孩子面前吵架

夫妻之间有分歧是很正常的，他们可以进行良好的沟通，但他们不应在孩子面前大声吵架。有研究表明，经历过父母吵架的青少年会有更多的心理问题，父母在发生争论时，语气要保持冷静，避免咄咄逼人，要理智处理分歧，不要吓到孩子。如果父母经常吵架，我建议父母在家庭问题影响亲子关系之前，求助专业的心理咨询。

父母没必要对孩子完全坦诚

我在进行心理咨询时，发现了一个值得重视的问题：父母是否应该和孩子做到完全的坦诚。我咨询过不少父母，他们会把孩子不需要知道的事情也告诉孩子，孩子可能因为年纪太小而无法理解，也无法应对这些事情。有的父母还会和孩子分享他们自身的躁狂症或抑郁症经历及一些患病细节。

我不是建议父母不要告诉孩子真相，而是建议父母在告知孩子真相之前，要确认孩子能够消化这些信息。如果他们无法消化，父母就只告诉孩子那些他们需要知道并且能消化的信息即可。父母无须和孩子谈论自己的抑郁症，完全可以对孩子说"我感到不舒服"；父母也无须把夫妻分居的所有细节告诉孩子，这些话可以留到孩子足够成熟且有能力应对一切的时候再说。

父母不要向孩子寻求慰藉

现在有的父母在自己难过的时候，会向孩子寻求安慰和拥抱，这是一个令人不安的现象，偶尔这样做没问题，如果父母频繁地向孩子寻求慰藉，孩子会觉得自己有责任照顾父母。父母期待和孩子相互支持的心理被称为亲职化，即父母把孩子变成了自己的照顾者。有研究表明，这种向子女寻求支持的父母往往对自己的需要不敏感；还有研究表明，经历过亲职化的青年人，尤其是来自母亲亲职化的青年人，更容易出现焦虑或抑郁等情绪问题。

为了避免亲职化，我会建议家长向朋友寻求支持，或者直接找专业人员进行心理咨询，不要向孩子寻求情感支持。

总结

日常生活并不总是开心的，父母在孩子遇到困难时给予他们的反应，可能将无意中阻碍孩子学会自己克服困难，父母帮助孩子适应生活中发生的各种情况的方法包括以下几点。

- 让孩子体验所有的情绪，包括消极的情绪，这样才能帮助他们培养面对困难的能力和信心。
- 如果孩子情绪反应是合理的，父母最好的回应方式就是选择倾听，识别孩子的情绪，并与孩子共情。
- 当孩子对某件事情绪化时，父母应采用允许孩子宣泄情绪的策略。
- 父母可以向孩子流露悲伤或郁闷之情，但是要始终保持冷静，并要让孩子知道自己能处理好这些情绪。
- 避免在孩子面前与伴侣争吵或指名道姓地骂人，在分歧中保持冷静。
- 只告诉孩子他们能消化的信息，因为他们往往无法消化并应对全部的真相。
- 父母要避免向孩子寻求安慰，可以找同龄人或专业人士帮忙解决问题。

第十二章
帮助你的孩子学会自我调节

自我调节是指人们为了获得对自己有利的结果而采取建设性行为及合适行为的能力，年龄小的孩子的自我调节能力比较差，他们需要在大人的帮助下发展这种能力。

很多人不太了解自我调节，但它是一项非常重要的能力。自我调节能力好的孩子能够在父母的要求下停止玩耍，并且开始收拾玩具，他们也能够停止与朋友们聊天，认真听老师讲课，有自我调节能力的青少年能够为了准备下周的考试而放弃看电视，开始学习。他们能够选择更有目的性的行为，而不仅仅只为了玩乐，他们可以为了获得长远的好处而控制当下的欲望。

父母可以通过让孩子效仿积极的行为，或者提醒他们做一些类似吃完饭后把碗筷拿到厨房的洗碗盆里这种家务，帮助孩子发展良好的自我调节能力。慢慢地，孩子就会把这些行为内化到自己的行为系统，且无须父母或老师提醒。随着孩子自我调节能力不断发展，父母可以逐渐提高对孩子的期望，从而把孩子培养成对家庭和社会有用的人才。

**盆景小孩通常不善于自我调节，
因为他们的成功是他人而非自己造就的。**

由于父母（有时甚至是老师）习惯通过调控环境确保孩子总是成功快乐的，所以，盆景小孩的自我调节能力不会得到很好的发展。

在本章，我们会讨论提升孩子自我调节能力的方法，会谈到为什么由父母掌控家庭很重要，以及家庭规则和家务活对孩子的益处，我们还会谈到父母可以通过哪些有效指导激励孩子完成他们需要完成的事。最后，我会谈到很多父母都想了解的一个问题，那就是如果孩子的行为不当或者不听父母的话，父母该怎么做，这些方法可以帮助孩子发展有助于他们未来取得成功的积极行为。

为了帮助孩子发展自我调节能力，第一，父母需要设立家庭规则、家庭生活常规任务并分配家务；第二，设置有效的指令；第三，对违抗行为实施惩戒。这三条应同时使用。一旦孩子有了自我调节能力，父母和孩子都会受益匪浅。

如何判断孩子自我调节能力的发展水平

和没有良好自我调节能力的孩子一起生活是一件令人头疼的事。因为他们无法调整自己的意愿去适应所处的环境，他们无法对他人的要求做出合理的反应，即使这些要求是为了他们好。这些孩子通常是鲁莽的，他们难以控制自己的冲动，会选择即时满足而不是做父母想让他们做的事情。这些孩子通常缺乏社交能力，他们总是先考虑自己的喜好而不是团队的利益：他们不遵守游戏规则，也不喜欢与他人分享，这使得他们在同龄人中不受欢迎。

自我调节能力可以帮助孩子管理好自己的情绪，帮助他们用合理的方式表达自己的感受。自我调节能力良好的孩子可以在痛苦时自我抚慰，不需要时刻依赖他人的关注和帮助。相反，自我调节能力差的孩子事事依赖他人，在情绪沮丧时，他们更容易选择用不良或极端的方式表达情绪。

一般来说，孩子在 2～4 岁会表现出一定程度的自我调节能力。心理学家认为，孩子发展这种能力的关键期是 3～7 岁，处于这个年龄段的孩子应该学会根据环境调整自己的行为。如果 6～7 岁的孩子还是做不到这些，父母应该在家里创造条件帮助他们，只是过程相对会困难一些。

自我调节能力差的特征

我接诊过的大多数孩子的问题都可以被归结为自我调节能力差，这些孩子显然无法遵从成年人的教导，在家里或教室里无法遵守规则。他们也难以和其他小朋友共处，而且很霸道，有的喜欢与行为表现不良的同伴为伍。自我调节能力差的孩子容易因为小事反应过度，如果别人挑战他们，他们容易反应过激且难以平复心情。

当我接手这样的孩子时，我首先会看看他的生活环境是否有利于自我调节能力的发展。我会先了解他的家里是否有明确的规则，父母是否为孩子创造了一个安全且有约束的环境。我还会问他父母，孩子在家里有没有做家务，这些家务可以是没有报酬的，也可以是有报酬的，以及孩子实际上做了哪些家务。我会评估父母要求孩子做家务时的自信程度，还有孩子犯错或不听话时父母惩戒孩子的自信程度。

几乎所有父母都会在家里设置规则，给孩子布置家务，对孩子的不良行为实施惩戒，但我会留意父母在这些方面的做法是否存在一贯性，即他们能否始终如一地执行这些策略，很多父母很难做到这一点。

父母可以始终如一地执行这些策略是进行成功养育的关键，特别是在孩子出现不良行为的时候。

如果父母无法坚持这些策略，孩子就会用不良行为不断地试探父母的底线。因为他们不知道自己的淘气行为会带来什么后果，可能以为自己能侥幸逃脱惩罚，父母始终如一地执行规则和惩戒可以让孩子清楚自己的行为后果，这样他们的行为就会有所收敛。

孩子自我调节能力差怎么办

践行本书所提建议

如果你的孩子自我调节能力差，我强烈建议你践行本书提到的所有建议。如果你跳过了前面提升自信、社交能力和心理弹性的章节，我强烈建议你重新回去阅读这些章节，然后阅读本章内容。因为父母总是调整自己的期望以便于顺从孩子，导致盆景小孩更容易出现不良行为，前面章节的内容为父母践行本章建议打下了必要的基础。

持之以恒

坚持是至关重要的。大部分家长告诉我他们试着设置规则，并且在孩子犯错后实施惩戒，但他们中的大部分人也会说："这并不管用。"

没有什么方法是一次见效的，尤其是当孩子已经习惯于任性行事的时候。

父母需要坚持不懈地使用这些策略数周或数月才可能看到效果，他们执行这些策略所花的时间既取决于孩子问题行为的严重程度，也取决于他们对改变孩子行为的期望，还取决于他们能否有效地执行惩戒。如果父母花了很长时间执行这些策略但未见成效，并不能说明这些策略有问题。实际上，这些策略是基于大量的研究和临床经验而成，而且被证明是有效的。但是，如果孩子的不良行为模式已经根深蒂固，那么父母需要花费更大的力气，更坚定地执行这些策略，这样才会取得一定的效果。

如果父母因为困难放弃解决问题，那么孩子的行为会越来越过分，也无法学会处世之道。他们不仅会把家庭生活搞乱，也难以适应未来的生活。所以，父母最好尽早发现问题，及时处理。不过我还是强调，不要期待奇迹立刻显现，培养孩子的自我调节能力需要时间。

掌控局面

父母必须是家庭的主导者，不尊重权威的孩子很难发展自我调节能力，因为他们不会听从任何人的教导。父母要想让孩子听话，最简单的方法就是让孩子认可是父母在掌控事情，或者至少父母在家里是说得上话的。

很多家长只是想着和孩子建立平等的关系或朋友关系。如果你的孩子是成年人，这种关系没有问题，但是如果孩子还小，就不合适了。作为家长，你有能力和责任把孩子引向正确的方向。如果你总是致力于和孩子成为朋友，那么指导他们、建立规则及实施惩戒都会变得十分艰难。

根据我的临床经验，如果父母说自己是孩子的朋友，通常说明孩子在家里比父母更有掌控权。这是因为父母期望孩子喜欢自己，实际上是以放弃对孩子设立行为准则，不坚持让孩子做出与其年龄相符的行为，没有让孩子在家庭环境中学习自律为代价的。

如果父母需要提醒孩子是父母在掌管一切，
实际上父母就没有掌控权。

既定的事实是无须强调的，所以父母只须向孩子发出口令并制定规则即可，无须提醒孩子父母才是家里的掌控者。如果父母需要告诫孩子应尊重父母或者对父母客气一些，孩子是不会尊重父母的，他们会觉得这样做没有必要。如果孩子尊重父母，那么他们不会直呼父母的名字，孩子会替父母着想，会自觉遵守父母的要求，可能偶尔逆反；如果孩子在家里总是和父母对着干，那么父母就需要迅速重获孩子的尊重，成为掌控者。

父母是孩子童年期和青少年期的主要权威人物，在孩子成年之后，父母可以和孩子建立更为平等的关系。但在童年期和青少年期，孩子应该清楚父母才是家里说了算的人。

如果孩子不认可你的权威，你将很难实施本章提到的技术，你可能需要坚持不懈地使用这些策略。在双亲家庭中，父母在使用策略时要保持一致。单亲家庭的父母也可以运用这些方法，只是执行起来更困难一些，但是只要坚持下去，就会有效果。

你准备好了吗？让我们开启培养孩子的自我调节能力之旅吧。

发展自我调节能力的组合拳

提升孩子的自我调节能力有三个必要的组成步骤，我将其称为组合拳。父母需要恰当地使用这三个规则，才可能产生预期的效果，忽略其中的任何一个，效果都会大打折扣。

这套组合拳如下。

- 设立规则、进行家庭日常生活安排及分配家务。
- 设置有效的指令。
- 对违逆行为实施惩戒。

下面，我们一起来看看父母应如何打好这套组合拳。

设立规则、进行家庭日常生活安排及分配家务

规则对谁都有用

每个人的日常生活都比较繁忙，设定规则可以简化我们的生活，让家庭生活变得更有条理，也可以为孩子树立标准，帮助父母不再纠结孩子的行为是否可以接受，规则可以帮助孩子建立清晰的界限感。总而言之，规则可以让家庭生活更规范、更自在。

如何设立规则

父母应该在家里设立一些基本的规则，诸如在家里如何走动、怎么说话、上床睡觉的时间和对其他家人保持尊重的态度等。父母在设立规则时最好采用积极的表述方式，如应该做什么，而不是不能做什么，但不一定每次都要这样表达，对于年幼的孩子，父母可以采用下面这种更为简洁的表述方式。

"在家里走路声音要轻一点。"
"在屋里说话声音要小一点。"
"晚上 7 : 30 上床睡觉。"
"待人处事要有礼貌。"

当孩子长大一点时，父母可以设立其他规则，比如"只有周末才能出去玩"或"只有做完作业才能看电视"。有了这些规则，父母便无须和孩子讨价还价。所以，当孩子问周三晚上能否去朋友家玩时，父母可以说"周三学校有课"，这能让孩子明白自己的这个要求是不被允许的，父母这样做也可以避免每次在孩子提出一些规则以外的要求时，自己都要重新与他们讨价还价的情况。

最理想的情况是，孩子自己也能牢记这些规则。父母可以把这些规则写出来并贴在显眼的地方，比如冰箱门上。如果孩子还不识字，父母可以将规则用图画的形式呈现。即使孩子太小，无法听懂话，父母也要心中有数，比如"坐姿要正"，这将有助于你和伴侣的养育方式保持一致。

一旦孩子明白了家里的基本规则，父母就无须时刻提醒他们了。如果他们忘记了规则，父母可以温和地提醒他们："嘿！我们在家里说话的规则是什么呢？"父母用这种冷静的提问可以帮助孩子自觉调整行为，这也意味着父母无须再唠叨，如对孩子大声喊叫"我是怎么和你说的"，或者自己先打破规则，如对孩子大吼道："不要喊叫！"

父母在和孩子外出时，在新环境里重申规则很有必要："现在我们要去餐馆吃饭，记住说话声音要小一点，你可以在自己的座位上看书，如果要打断大人说话，记得要先说声'非常抱歉'。"父母可以让孩子重复一遍规则，或者询问他们在家以外的场合应该如何表现等。

强制执行规则

父母设立好规则并不意味着孩子会自觉遵守规则。

能让孩子始终如一地执行规则才是最重要的。

父母要记住，是父母而不是孩子有责任执行这些规则。如果孩子对父母说话的语气很不客气，但父母没有纠正孩子，那么不是孩子的错，而是父母的错，因为父母默许了孩子的行为。父母只有对孩子的不良行为进行惩戒，才能培养孩子的自我调节能力。

根据孩子的年龄调整规则

父母要根据孩子的年龄调整规则，随着孩子慢慢长大、成熟，他们也要参与规则的协商和制定。当孩子进入高中、大学或开始工作了，父母可以和孩子坐在一起讨论新的家庭规则。对这个阶段的年轻人来说，这一点很重要。

在讨论规则的过程中，父母要记住，你是这个家的主人，所有住在你家的人都应该遵守你的规则。如果孩子免费住在你家里，他们就应该学会妥协。我的建议是，孩子对家里的贡献越多（比如承担大部分家务或提供收入），他们在家里享有的权利就越多，这是你的家，你完全可以住得舒服一些。如果孩子在家里得到的权利越多，未来他们就越不想搬出去自己住，那么你也就无法在家里得到你想要的空间，也无法布置单独的卧室、台球房或健身房。

安排家庭日常生活

安排家庭日常生活有助于维持家庭正常且顺利地运转，也可以让父母的家庭工作更有效率，保证家庭成员生活的稳定性。

安排家庭日常生活对孩子的行为也有积极的指导作用。

当孩子知道如何安排家庭日常生活时，他们就不会所有事都要同父母讨价还价。

有了家庭日常生活安排，孩子们会感到安稳，他们清楚家里的生活是怎么安排的，也清楚自己应该做哪些事情，固定的上床睡觉时间有助于孩子调整生物钟。起床后的生活安排可以让孩子知道该干什么以及什么时候做什么事，这样全家都可以有规律地开展日常活动，年幼的孩子就能自觉完成该做的事，不用父母时刻提醒，青少年也会按时、主动地完成作业。

对青春期的孩子，父母要规定好他们洗澡的时间以及更换床上用品、洗衣服的频率等事项，特别是当孩子进入叛逆期时，合理安排日常生活变得极其重要。在这个阶段，孩子可能毫无理由地不洗澡、不刷牙，父母需要明确立场并强制孩子遵守一些基本的日常生活安排，比如规定孩子只有洗完澡才能玩电脑等。

父母也可以在家庭日常安排中加入一些有趣的元素，这会让孩子有所期盼。比如，孩子在晚上刷完牙后可以和父母一起读故事书，一起看一会儿电视，做完作业后可以出去玩等。针对大一点的孩子，当他们按时完成作业时，父母可以让他们看会儿电视或玩会儿游戏。

进行家庭日常安排至关重要的一点是，父母应规定好什么时间该做什么事情，这样生活才会比较从容。父母最好提前规划好事情的完成顺序，这样孩子就能按时上学、按时洗澡、按时上床睡觉，一家人也可以遵循类似安排并养成良好的习惯。

使用行为奖励

我通常会推荐父母用作表或作图的方式把孩子一天的生活安排罗列出来，还可以在表格或图画后面增加一个行为奖励表。年幼的孩子如果无须提醒便能按时吃早餐、穿衣服和刷牙，父母就可以奖励他们一个小贴纸，或允许他们放学后出去玩一会儿。青少年无须这种奖励机制，但是他们也需要知道什么时候应该做什么事情。

早上按时完成常规活动对孩子大有帮助，这样身为家长的你就不用在早上催促孩子快点上车，也不会因此上班迟到，孩子也不会出现出门过晚，只能自己坐公交车上学，出现迟到的情况。父母只有坚持执行这些常规安排，并且有接受孩子自己坐公交车上学或迟到的心理准备，这些常规安排才可能见效。我也建议父母引导孩子将早上自觉起床变成自己的责任，这样闹钟一响孩子便会起床，无须父母要挟、恐吓。

父母也可以在其他活动上设定规则和奖励，比如和孩子一起去超市购物，如果孩子按照双方提前商量好的计划采购东西，没有提出额外要求，父母可以给孩子一个贴纸作为奖励。双方也可以在完成一些不愉快的事情后进行一次愉快的活动作为补偿，比如父母可以带着看完牙医的孩子去公园玩，或是在孩子接种疫苗后带他去咖啡馆吃蛋糕。

虽然父母可以用奖励来塑造孩子的行为，但最好培养孩子自觉做这些事的能力。父母不能太依赖行为奖励，一旦孩子已经把行为内化了，父母便无须奖励他们，父母还可以从其他方面提高孩子对任务的兴趣，尤其是在孩子还比较小的时候。举个例子，父母可以在超市采购时让孩子做一些他们会兴奋的事，比如让他们帮自己找货架上的面粉，找放置香蕉的货架，或者拿起几样水果或蔬菜，对孩子说："帮我选出三个红苹果。"

父母要在孩子完成一件事后立刻给予行为奖励，比如当他们在早上按时洗漱时奖励他们一张贴纸。随着孩子慢慢长大，父母可以通过延迟给予奖励的方式培养孩子的延迟满足能力。

让孩子学会等待

延迟满足是指人们为了获得长远的收益而推迟即时快乐，这是孩子需要发展的重要能力之一，可以帮助他们取得更大的成功——实现远大理想。这种能力使得孩子能够暂停即时享乐（如看电视、吃巧克力、花钱），把精力放在能使他们获得更为长久的快乐的活动中，如学习、寻找一份理想的工作、变得更健康、自己买一辆单车或汽车等。延迟满足是进行成功自我调节必不可少的重要因素。

20 世纪 60 年代，沃尔特·米歇尔（Walter Mischel）在著名的棉花糖实验中对孩子的延迟满足能力进行了测试。在这项实验中，研究者把一颗棉花糖放在桌上并告诉孩子，他们可以立刻吃掉这颗棉花糖，也可以等待一会儿，从而可以得到两颗棉花糖。在他的实验里，一些孩子能够等待，另一些孩子选择了直接吃掉棉花糖。

研究发现，能够耐心等待以获得更多棉花糖的孩子，初中、高中时期的认知能力和社会能力测试成绩要比立刻吃掉棉花糖的孩子成绩好。他们的父母也反馈说这些孩子做事时更能集中注意力，也更能应对挫折和压力。

过于丰富的物质生活，通常会阻碍盆景小孩延迟满足能力的发展。

虽然这种能力看起来是与生俱来的，但一些养育方法可以促进它的发展，另一些则可能削弱它。当孩子说他们想要某样东西时，如果你立即买给他，便没有给他们学习等待渴望的东西的机会，也就是说，如果他们想要得到某样东西，你需要引导他们学会等待并付出努力。

那么，如何帮助孩子发展延迟满足的能力？

不要立刻给予孩子奖励

对于幼儿，父母可以立即给予他们行为奖励，随着孩子逐渐长大，父母要推迟给予奖励的进程。父母可以引导孩子通过积攒积分的方式兑换更大的奖励（如看一场电影、买一套电子游戏的卡带或一个昂贵的电子产品）。孩子的年龄越大，越应该学会等待，学着为了达到心中的目标而做好当下的任务。

不要让孩子生活得过于轻松

在咨询中，我发现一些 20 ~ 30 岁的年轻人选择辍学，直到最近我才搞清楚其背后的原因。

几个月前，我的一位来访者在读完 4 年本科之后，纠结自己是该去另一座城市工作还是继续读研究生，他说："我现在这个工作的薪水只有 4 万 ~ 5 万澳元（约合人民币 19 万 ~ 23 万元），这太少了，我还是继续读书吧。"

这让我想起了自己的经历，我在拿到教育学学位后获得第一份工作时，非常兴奋。为了找到一份好工作，我努力学习，到离家很远的城市上大学，住条件简陋的学生宿舍。我想，如果我有了工作，就可以去外面吃饭，买自己想要的东西，过上更舒适的生活，那时的我迫不及待地想开始工作！但是，为什么我的来访者对我曾经如此期待的事情，表现得如此不情愿呢？

我开始观察他的生活，他和父母住在市中心的一套十分漂亮的房子里，他有自己的房间，房间里有独立卫生间以及各种便利设施，还有很多好看的衣服，父母帮他支付手机话费，还给他买了一辆车，他可以坐享其成。他在读大学期间每年有长达 4 个月的假期，我对他的生活开销做了一下估计，作为一名大学生，他每年的开销都在 7 万 ~ 8 万澳元（约合人民币 33 万 ~ 38 万元）。如果他选择去另外一个城市工作，生活质量一定会降低，如果他继续和父母一起住，继续读书，则会活得更舒服。

我治疗过很多只愿意待在家里、不出去工作或直接选择辍学的年轻人，他们的生活已经这么好了，为什么还要成长、学习、工作及搬出去自己住呢？事实上，他们还能在哪里找到足以与他们现在的生活相媲美的工作呢？

**有时，父母给孩子提供的美好生活，
过于舒适了。**

父母努力让盆景小孩过上锦衣玉食的生活，让孩子习惯于不用努力就能过上美好生活，这会对孩子产生深远的影响，让他们不愿意或无法成为一个能够适应稍差生活条件、独立的成年人。所以，他们会继续住在父母的家里并享受父母的照料。

孩子有能力保证自己目前的生活水平吗

父母们可以思考一下，你现在为孩子付出的一切，包括住的、吃的、上学费用、假期花销、社交生活及交通费用（我猜你会开车接送他们）等，你觉得孩子要过上目前这种水平的生活大概需要多少钱，孩子能否通过帮忙做家务或兼职赚钱维持这样的生活？我需要强调一点，读书学习是他们的本职工作，也是没有报酬的，不应被包括在内。

如果你的孩子毫不费力就可以过上条件优渥的生活，甚至连家务都不需要做，那么你的养育方式是有风险的。在未来的人生中，生活过于安逸、没有吃过苦的孩子更容易感到失望，因为他们现在过得实在太好了，以后的生活无法与现在相提并论。而且，这种过于轻松舒服的生活还会带来另一个消极影响。

**毫不费力就过上令人神往的生活，
将会阻碍孩子自尊与自信的发展。**

如果我们问一个成年人，他一生中最引以为傲的事情是什么，他通常会说，是为了获得美好生活战胜了一些苦难以及所付出的努力，没有人会为轻而易举就获得的成功或他人给予的成功而感到自豪。

这才是问题的重点，除非是贵族家庭，父母通常需要很辛苦才能为孩子提供条件优渥的生活，我们需要努力工作很长时间才会有可观的收入，或者成为一个善良且富有爱心的人。但问题是，很多父母可能会花很长时间才有不错的收入，吃了很多苦才达到了目前的生活水平，但是他们没有教给孩子创造成功、获得自尊和幸福的方法。父母不等盆景小孩付出任何努力，便无条件地给予他们想得到的东西，这些父母扼杀了孩子发展延迟满足和自我调节能力的机会，而唯有这些能力可以帮助孩子真正获得成功并过上幸福的生活。

授人以鱼不如授人以渔，父母直接给孩子提供完美的生活，无法让孩子学会为自己创造富裕的生活，反而助长了孩子的特权感，阻碍了他们自我调节能力的发展。

父母培养孩子自食其力的意识对孩子的发展而言是非常有益的。那么，父母该怎么做呢？

让孩子知道世上没有免费的午餐

父母需要让孩子知道，为了得到自己想要的东西，他们需要付出一定的努力，这些努力可以是有偿或无偿的家务，也可以是与他人好好相处，或是清楚并承担自己的责任。

行为奖励图表可以帮助年幼的孩子了解，他们所得到的东西都是经努力而得到的，大一点的孩子可以通过做兼职、帮家里洗车、修剪草坪获得他们想要的东西，但那些本该他们完成的事项（洗澡、收拾好自己的东西）不属于这一范畴。父母应规定，只有当孩子完成了一些他们应该做但不是很喜欢做的事情，比如打扫好自己的房间、完成作业时，他们才能享受美好的周末，如看电视、和朋友玩等，父母这么做可以让孩子知道，世上没有免费的午餐。父母要尽快行动起来，不要让孩子养成不良习惯。

接下来，我们讨论一些可以重新培养孩子自觉性的方法，先从做家务讲起。

利用做家务来培养孩子的自觉性

除非一个家庭富有到可以雇人做家务，不然大部分家长在工作以外都是要做家务的，而且这些与孩子和其他家庭成员生活有关的家务会占据家长的很多时间。现实生活中，几乎没有人不需要做家务，比如煮饭、打扫、清洗和整理房间等。

父母可以从孩子小的时候起便让他们帮忙做一些家务，让他们有机会为家里做一点贡献，让他们知道在家里除了享受权利，还要承担相应的义务。父母大包大揽式的过度牺牲是毫无意义的，那样非但不会获得孩子的感激，反而会让孩子产生特权感，也无法让孩子学会承担责任，只会加重父母自身的负担。

父母向孩子强调他们有义务承担的责任并且要求他们做家务，是培养孩子自尊心的最佳途径之一。

这是我在临床经验中经反复验证而得出的结论，我认为孩子只有通过劳动，为家庭做出贡献，以及为了获得美好的东西而努力，才能建立真实的自我价值感，孩子会为此感到自豪和满足。

如何让孩子做家务

父母要为孩子营造一个适当的环境，如果孩子不做家务，则父母需要调整环境并说服孩子。下面是一些帮助父母营造环境的方法。

从娃娃抓起。在孩子还小的时候，父母可以让他们做一些力所能及的事情，比如吃完饭把自己的盘子拿到厨房、帮忙摆椅子或者帮父母做一些清洁工作。随着孩子逐渐长大，父母可以增加他们的工作量。

设置一些无偿的家务活。孩子理所当然要帮家里做一些家务，而且是没有报酬的，比如帮忙洗菜及打扫房间。

父母应列一张日常家务总清单。这个清单包括饭前、饭后的准备工作，如摆好碗筷、清理餐桌、打扫厨房、进行垃圾分类、扔垃圾；浴室清洁工作，如清洗洗手盆、花洒、浴缸和马桶；房间整理工作，如整理床铺，更换床单；洗衣工作，如收纳脏衣、洗涤、晾晒、收衣服以及折叠、熨烫并放好衣服；照顾宠物的工作，如给宠物喂食、喂水和清洁；一些室内家务，如整理东西、吸尘除尘；还有一些周期性的工作，如屋里、屋外大扫除等。

列好这张清单后，父母就可以给孩子分配一些简单的任务。孩子可以负责固定的家务，有多个孩子的家庭也可以让孩子轮流值日。

让孩子学会洗衣服。在孩子比较小的时候，父母应让他们学会把脱下来的衣服放到洗衣篮里，把要洗的衣服放进洗衣机中。青少年至少要学会自己洗衣服，并学会自己晒衣服、收衣服、叠衣服、熨衣服、收纳衣服等。

不要让孩子逃脱家务活。父母不要在孩子考试期间或是很忙的时候允许他们不做家务，事实上，他们一辈子都要做家务，所以不要鼓励他们逃避现实。更重要的是，在有压力的考试期间，做一些相对不费脑力的家务活对孩子而言，是让大脑进入休息模式的好方法，这会让他们精力充沛地重新投入学习。

成年子女必须和父母一起分担家务。如果成年的孩子过去没有做过家务，那么，现在他们需要开始做家务，否则就搬出去住，父母不要让成年子女还像小孩一样住在自己的家里。

考虑请一个清洁工。我接触的很多夫妻问题都与家务分配不均衡有关，对于这些夫妻，我经常建议他们请一个清洁工，这可能会比向我抱怨家务分配不公更有用，而且可能比预想的便宜。如果成年子女和父母住在一起，则父母可以考虑请一个清洁工，费用亲子均摊。孩子也可以选择做一些家务作为补偿，如果他们选择做家务，父母就要列一份明确的家务清单，上面包括他们期望孩子做的所有事情，这样可以避免与孩子在家务分担上产生争执。

通过有偿的家务活让孩子懂得金钱的价值

我建议孩子做的大部分家务是无偿的。话虽如此，但他们需要明确金钱的价值，做一些有偿的家务活可以帮助他们更好地理解金钱的价值。

在下面的这些情境中，父母可以考虑给孩子分配一些有偿的家务活。例如当孩子提出要买新的游戏装备或电子产品时，想和朋友一起去看电影时，或者想买自己看中的衣服时，父母可以建议他们通过多做一些家务活赚钱买这些东西。一般来说，值得设置报酬的家务活是一些平时由父母承担的工作，如洗车、整理花园等。

这样孩子也会爱上做家务，因为他们可以以此获得报酬。如果孩子需要父母的提醒才肯做这些家务，有两种原因：第一，他们的生活已经很好了，不缺这点钱，如果是这样，父母就需要停止给他们买他们想要的东西，让他们学会通过劳动获得自己想要的东西；第二，他们知道自己无须努力赚钱，只要对父母说一些甜言蜜语，父母就会给他们钱，如果是这种情况，父母必须把"不做家务，就没有钱"挂在嘴边，以作提醒。

鼓励孩子做兼职

做兼职也可以让孩子学会赚钱买自己想要的东西。我比较建议青少年在高中时期从事兼职工作，做兼职的好处有很多，孩子可以学会对工作负责；了解工作的复杂性，比如不能随便找借口请假（上司可不会像父母、老师这样好说话）；他们可以学会有效管理时间；这些工作经验可以帮助他们思考自己真正喜欢做的工作是什么，可以充实他们的简历，有助于他们在未来获得更多的工作机会；他们还可以提前体验领薪水的快乐。

有的家长认为兼职会影响孩子的学习。我认为孩子也要学会平衡生活，即兼顾兼职、体育锻炼、社交和家务活之间的关系。如果他们把所有的时间都花在学习上，可能只会得到一个好成绩。父母至少要让孩子在假期做一些兼职。

当孩子抵制做家务时，父母可以做些什么

一般来讲，父母在孩子刚玩完游戏时让他们做家务是比较困难的，此时他们已经习惯了由别人（父母）来伺候，不习惯承担责任的孩子还会直接拒绝。

在这里我们需要认清一点：青少年是不会把做家务作为首要任务的。家里脏了、乱了、垃圾满地、积灰了、脏衣服成堆、晾晒好几天的衣服等，他们都能视而不见。父母比孩子更在意

这些事情。其实，有些父母自己也不太在意。

正因如此，如果孩子还没有习惯做家务或者他们没有留意到家里需要打扫，父母可以给他们一些物质奖励刺激他们做家务，但这不是最好的办法，下面我会给你两个解决孩子不做家务的建议。

不要给孩子买他们想要的东西。父母可以告诉孩子他现在可以通过做家务赚钱。父母可以给孩子一张清单，列出所有需要做的家务以及相应的报酬，让孩子自己选择。父母要避免定价过高，这样孩子对自己的工作价值才有切合实际的认识。父母应该告诉孩子，他们需要每天或每周都做家务才能挣到这笔钱，还要让他们知道没有预支报酬这一选项。

父母可以先试行几周，看看效果，而无须提醒孩子做家务，如果孩子需要父母的提醒，说明父母可能已经给他们买了太多他们想要的东西，他们不需要赚钱。父母可以减少给孩子买东西的次数，看看他们对金钱的需要是否会促使他们做家务。如果这一方法不奏效，我建议父母试试准备家务罐。

家务罐。给家里的大人、小孩都准备一个大罐子，在孩子选择他们想做的家务后，让他们知道每一个家务的相应报酬。比如在早上 7：15 前把碗从洗碗机里拿出来的人可以获得 50 美分，如果孩子没有在 7：15 之前完成这个家务，这 50 美分就归家长所有；如果孩子按时完成了这项任务，周末家长就把 50 美分放进孩子的家务罐里。有时候，家长可以温柔地提醒他们，如在 7：10 左右说："看来这个早上我可以赚到一些钱喽！"记住，不要让孩子在 7：15 以后完成任务，而是通过这些事情培养他们的责任感。

有些孩子可能不喜欢赚钱，此时父母可以用"流通货币"替代钱，比如规定孩子可以通过做家务换取看电视或玩电脑的时间，也可以用赚来的钱购买看电视、玩电脑的时间或者去上骑术课。每个孩子都有他们愿意花时间或金钱去做的事情，父母的工作就是去发现这些"流通货币"，这样孩子就会学着自己努力赚取想要的东西，他们也会因为凭借自己的努力过上了美好生活而开心。

设立规则、家庭日常生活安排和分配家务是帮助孩子发展自我调节能力的第一种方式。现在让我们来看看第二种方式——设置有效的指令。

设置有效的指令

我当过老师，知道指令的重要性。人们在沟通时，沟通的内容不重要，沟通的时机、语气、所传递的信心、对沟通的积极结果的期待以及人们对应付沟通中可能发生的事情抱有自信相对来说更重要。

在教师生涯的早期，我花了很长时间才解决这一问题。一开始，我以为只要大声训斥学生，学生就会听话，其实这样是没有效果的。我也威胁过学生"如果你们在这节课上表现不好，我就让大家中午留下来"，也没有效果。后来，我尝试和学生做朋友，让自己更风趣，收效甚微。

我的教师生涯的第一年就是这么过来的，我产生了很大的挫败感。后来我能让任何一个班的学生表现良好，能让他们按要求完成学习任务，甚至是在他们根本都不认识我的情况下，我也能让他们按照我的指令完成任务。这一切都归功于我找到了正确设置指令的方法，我将它称为"教师发声法"。现在，在遇到任何一个我不认识的孩子或青少年做出不良行为时，我都能自如地使用"教师发声法",比如对电影院里坐在我后面说话的孩子进行制止,或者当一个孩子在没有父母看管的情况下做出了一些危险的行为时,我会及时介入并制止他。

有效的指令会让孩子更加遵守父母的要求。

接下来,我会详细讲解有效指令的基本要素,也会介绍一些工具,帮助你最大限度地利用你的声音优势,促使孩子遵守指令,以及讲解设置有效指令的方式。

选择恰当的时机

发布指令的时机非常重要。我做老师的时候,会站在讲台上不说话,一直等到所有学生安静下来,才开始告诉他们我想让他们做什么事。

如果你大声发布指令,或者在孩子正全身心地做某件事的时候发布指令,那么指令是无效的,因为孩子的心思没有放在你所说的话上。同样,在远处指手画脚也是没有意义的,你需要提高声音,这会降低你的权威感,而且有时即便这样,你也无法引起孩子的注意。所以,选择合适的发布指令的时机非常重要。

吸引孩子的注意

当你向孩子发布重要指令时,最好离孩子近一些,近到无须大喊大叫。比如,你可以弯下腰与孩子处于同一高度,看着孩子的眼睛,这样就能知道孩子有没有在听你说话。

有时,父母的一个指令可以起到信号提醒的作用,提醒孩子接下来应该做什么,比如"5分钟后你就不能再玩了,因为奶奶要来了"或者"等巴尼(Barney)洗好澡后,就轮到你洗澡了"。父母不用每次都为孩子提供提醒信号，孩子理应在没有父母的提醒下主动完成自己该做的事情。只有在某些特殊情况下，或在针对某个特别的孩子时，父母才需要主动提醒。

保持冷静的姿态和声音

父母在给孩子设置指令时，态度要冷静，语气应温和放松，声音中不要有紧张不安，如果父母内心清楚地知道在孩子不按要求行事时自己也有办法应对，将对养育更有信心，也会更冷静。专横或大喊大叫只会让孩子感到局促不安，他们会变得更加叛逆，不愿意沟通。父母冷静时，孩子也会冷静，同时也更愿意听父母的话。

并不是所有的父母都能控制好自己的语气，我发现不少父母虽然表面平静，内心却紧张不安。当他们想表现得更坚决时，内心可能是恐惧或愤怒的。如果你无法判断自己的声音是否冷静，可以让伴侣为你做反馈，或者把你发布指令时的声音录下来，自己听一遍，这样做很有帮助。

采用陈述而非提问的表达方式

成年人的一些说话方式孩子可能听不懂。比如，在心理咨询快结束时，我通常会通过提问的方式告诉来访者这次咨询接近尾声，我会说："下次咨询你想安排在什么时候？""这次咨询费用你想使用什么方式支付？"当我想离开和朋友聚会的咖啡馆时，我可能会问："我们可以走了吗？"，或者对服务员说："请把账单给我，好吗？"

这些话都采用提问的方式，实际上是一种陈述。咨询快结束时的提问让来访者意识到这次咨询结束了；向朋友提问暗示着我准备离开了；对服务员提问实际上是在告诉他，我准备付钱走人，问这些问题并不意味着我需要他们做什么，我只是让他们知道我想要做什么。他们可以有自己的看法，不过通常也会默认同意我的选择。很少有人说"不"，然后继续做他们手头上的事情，大多数成年人都知道，上述内容是伪装成提问句的陈述句，如果他们不同意这样做，那么他们会给出理由。

成年人的大脑已经完全成熟，他们比孩子更能明白这种表述的微妙之处，但孩子很难理解这些，当他们沉浸于自己正在做的事情时，情况更是如此。当父母问一个孩子"你要不要去洗澡"时，孩子会觉得父母是在征求他们的意见，很多时候他们的回答是"不要"，这个回答在父母听来像是一种挑衅。实际上，孩子是在认真回答父母的问题，只是没有听出父母的言外之意，即让他们现在去洗澡。

如果父母想对孩子好并赢得孩子的喜欢，那么他们就很难对孩子发号施令。

盆景小孩的父母通常会提问，
而不是对孩子发布明确的指令。

盆景小孩的父母通常会用提问的方式，而不是直接告诉孩子应该做什么，这些父母认为直截了当的口令过于严厉。他们的初衷是好的，但这种方式通常不会对孩子有帮助，因为孩子未必能听懂父母委婉的要求，这也会让父母感到挫败，因为采用提问的方式无法立刻让孩子听从父母的指令行事。

老师通常不会通过提问树立自己的权威。他们会给学生明确的口令，如"把书翻到第 34 页"，而不是问"你愿意……吗"

或"你可以……吗"。一旦老师树立了权威，他们说话的方式就可以变得轻松一些，"今天我们要学习第 3 章，请大家打开书本。"不过，达到这种效果的前提是学生尊重老师的权威，也清楚老师发布的是一个要他们打开书本的指令。在上课的过程中，老师通常需要发出明确而直接的指令，这样学生才会按照他们的要求行事。

父母要尽量做到将每一个指令都表述得准确无误，比如："你想要红色还是蓝色的笔？"

如果孩子性格温顺，当父母问"你能捡起你的玩具吗"时，他们会按照父母的期望把玩具捡起来。然而，这种做法无意间让孩子习惯了别人使用温柔的提问方式而不是简洁明了的陈述方式。当这样的孩子遇到了一个习惯直接要求大家做什么的老师时，他们可能会觉得这个老师很"凶"，或者认为老师讨厌他们，只因为老师说话的语气不是他们所习惯的轻声细语。

我强烈建议家长让孩子习惯明确的指令，这将帮助他们学会与将来在学习、工作中遇到的各类权威人士相处。

减缓语速，巧用停顿

很多家长一忙就喜欢用大喊大叫的方式让孩子听话，这种做法是可以理解的。但我还是鼓励家长用慢一点、冷静一点的方式说话，这样可以确保他们的声音不会给孩子带来压力，也可以让孩子学会保持冷静。

我们可以在说话过程中巧用停顿。比如，在叫他们的名字之后稍作停顿。这种郑重其事、冷静的说话方式可以让孩子意识到接下来要说的话很重要，他们需要马上照做。

精简用词

很多父母喜欢喋喋不休。有研究发现，我们罗列越多要求别人做一件事的理由，他们越有可能不重视这件事。因为你罗列的理由越多，就越发显得这件事情是值得怀疑的，或许你连自己都无法说服。

父母在告诉孩子要做什么时，

应尽量精简用词。

这可以让孩子把注意力放在你的指令上，而不是你的理由上。记住，你是家长，你不必为要求孩子做事而辩护。作为成年人，你是最了解情况的，如果他们不同意，是因为他们看不到全局或是缺乏做出明智决定的经验，而不是因为你太苛刻。

不要用多余的信息使你原本清晰的想法变得模糊，不用告诉他们你知道他们有多么难过、感觉有多么糟糕，或者为什么你叫他们做的事情很重要，只给一个理由，如"你每天都要洗澡"即可，你也可以一个理由都不给。

明确地告诉孩子应该做什么

当孩子做错事时，父母倾向于关注已经发生的不良行为，而忽略期望看到的良好行为。父母要确保指令是清晰的，"很好"或"不错"这样的表述对孩子来说太含糊了。父母与其说"好好玩"不如说"和其他人分享你的玩具"，与其说"要爱护奶奶的东西"，不如试试"在动手之前要征求一下奶奶的意见"。

在给出指令后，父母要关注自己想要孩子做的行为，而不是不想孩子做的行为。比如，尽量不说"不要在沙发上蹦蹦跳跳"，可以说"坐在沙发上"。如果父母想告诉孩子停止做某件事，可以试试在话的结尾处增加一个自己期望他们做的行为，比如"不要在花坛边踢球，到这边来踢"。如果父母期望自己所说的最后一个词会在孩子的脑中回响，应该用自己希望孩子可以做到的行为作为指令。

尽量不问"你为什么这么做"

当发现孩子犯错时，父母可能会问孩子为什么这么做。比如问他们为什么要把牛奶倒在沙发上？不用惊讶，4岁的孩子可能一个正当的理由也说不出来。

孩子为什么要这么做？无非这样做让他们感到开心，他们是不会考虑行为后果的，他们还以为自己能够侥幸逃脱惩罚；又或者这么做只是因为无聊，而且他们觉得这样可以引起父母的注意。如果这时父母关注他们并问他们为什么这么做，他们就赢了。

所以，父母要避免问孩子为什么这么做，直接给出指令就好，如果情况严重，直接进行惩戒。不要浪费时间问孩子他们无法回答的问题，可以认为他们之所以这么做，是因为他们想这么做或缺乏思考，不用纠缠具体的原因。

如果孩子反抗你，你应该保持冷静，而不是提高说话的声音

前面我说过，当孩子拒绝父母的要求时，父母可以使用惩戒，不过我更鼓励父母在孩子反抗时保持冷静，而不是提高说话的声音。很多家长通过提高嗓门来显示他们的权威。研究表明，这种做法多用几次就会失效，原因很简单，孩子已经习惯了父母大声说话的方式，他们甚至对此熟视无睹。

通过保持冷静，父母能让孩子集中注意力，而不会使其因为自己的愤怒而焦躁不安。

更重要的是，如果父母朝孩子大喊大叫，是在教孩子当他们受挫时，也可以大喊大叫，父母现在的行为就是未来"愤怒青少年"的榜样。所以，父母要保持冷静，并且在重申指令时更加冷静。

不要威胁

如果你有过一个凡事都喜欢威胁他人的上司，你就会知道这种沟通方式多么让人泄气和沮丧，所以不要用同样的方式对待你的孩子。

威胁式指令存在很多弊端，它会带来不必要的攻击性。威胁暗示着你不相信孩子愿意遵从你的指令，而且你已经准备好惩戒并接受相关后果了，威胁也暗示着你不相信孩子具有做正确的事的能力。

威胁和警告有什么差异？比如父母会说，"亲爱的，我们现在该离开公园了，如果你现在不走，那么我们明天就不来了"，或者"如果你不好好吃午饭，你就没有冰淇淋吃"。这些都是威胁，但被精心包装成警告的样子。很多父母说他们只是想警告孩子，但是真正的警告不是这个样子的，我将在下一节里讲一些具体内容。

> **让你的孩子服从你的权威，而不是你的威胁或"警告"。**

惩戒可以让孩子知道父母没有开玩笑，但是这种惩戒不能严厉到让孩子为自己的错误悔恨数日、数月或数年，父母不能通过威胁逼迫孩子听话。

彰显沉着自信

作为一名老师，我发现在紧张时故作镇定很有用，你可以在内心告诉自己"我可以做到"。如果孩子不听从你的指令并且你的声音已经暴露了自己的紧张、不安，你可以试试下面的方法。

说一些能够提升自信心的话，比如，"我还是能掌控一切的，我能应付所有事情"或"这可能需要一点时间，但我的孩子一定要去洗澡"，或者"这只是暂时的，我能掌控，我爱我的孩子，我知道怎么做是最好的，我有这个能力"。

展示权威

如果你无法沉着冷静地发布指令，或者在淘气的孩子面前很容易心软，那么你可能需要下面这个技巧：把孩子当成你的雇员来对待，你在和他们说话时，应该像个领导而非父母，这样你所发布的指令便会起效果。

想象这个情境：你的孩子正处于青春期，行为变得无礼，你可以想象家就是你的单位，你是领导，一名年轻员工开始越权，反过来要你为他们工作。他们指挥你做事，有时还对你翻白眼，这个情境你熟悉吗？可能你就是这样的。

如果真的是这样，首先你要夺回主导权，但是你不能批评他们的行为无礼或者表示你对此有多么沮丧，因为这么做会让他们觉得自己已经控制了你。你必须用十分冷静且权威的语气，让他们意识到你才是家中的权威、主导者。有了这个想法后，你要控制好你的情绪，用权威、自信、沉着和冷静约束年轻人，这是你能夺回主导权的唯一办法，其他任何情绪化反应都将毫无作用。

你也可以观察一些权威领导是怎么做的，先模仿他们，然后慢慢找到自己的风格。

总之，父母给孩子的指令必须是权威的，父母不应该蛮横地发布命令，也不应该只想着溺爱孩子，和他们成为朋友，这会让他们忘记你是他们的父母。

父母要相信，你对孩子的要求是期望他们行为举止得当，是为了他们好，如果你相信这一点，就能表现出权威的气势。

现在，你知道该如何设置指令了，也知道给出指令的时候要说什么以及该怎么说了，你已经完全准备好了。

但是等一下，你的孩子并没有准备好，他们在跺脚、翻白眼并环抱双臂。当你叫他们把玩具收拾好的时候，他们仍然在玩耍；他们忽略了你的指令，并没有把垃圾扔掉；他们已经三天没洗澡了……很明显，他们并不吃你那一套。

那你还能做什么呢？很简单，请继续往下读。

对违逆行为实施惩戒

如果孩子不想按照父母的要求行事，他们会用各种方式表达不悦，包括装聋作哑、撒泼打滚等，这些都是非常典型的违逆行为。

任何人都有心情不好的时候，但父母有责任帮助孩子学会用合适的方式表达不满，这对孩子、家庭和社会都是有益的。

现在，很多父母不知道应如何有效应对孩子的违逆行为。如果孩子不听话，有的父母会针对孩子本人，并因此感到沮丧；有的父母和孩子的关系过于亲密，他们会把孩子的过错归咎于自己或他人，这会鼓励孩子为自己的各种行为找借口；有一小部分家长鼓励孩子叛逆，他们的育儿理念是"孩子只是在表达他

们的想法"和"他们爱怎样就怎样吧";有的父母期望孩子时刻听话、顺从,当孩子与父母的看法不同时,父母觉得被冒犯了;还有的父母会让孩子制定规则,他们会通过改变自己适应孩子的需求。

孩子要知道,不是整个世界都在围着他们转。如果一个以自我为中心的孩子想成为一个能为社会做贡献的人,他们需要学会自我调整,做出合适且具有建设性的行为。如果孩子总是做出一些错误的选择或者拒绝改变,父母可以给他们一些惩戒。

> 要想教孩子学会调节自己的行为,
> 父母首先应能进行自我控制,
> 为孩子树立榜样。

也就是说,父母在对孩子的行为做出反应时,要表现出克制,而不是情绪化或愤怒。父母如果因为孩子的行为而愤怒,那么他们实际上和孩子也没有什么两样;如果父母在面对挫折时能保持镇定,他们便能帮助孩子学习同样的技能。

还记得我在第十章提到的建议吗?我建议你在孩子表现良好时发出欢快的声音,在他们表现糟糕时保持沉默。接下来,我会和你分享一些策略,教你如何冷静地应对孩子的挑衅或无礼行为。

我建议家长践行这些策略。你的坚持会让孩子意识到,如果他们行为不当,将产生什么后果,这样他们就不会在做了坏事时仍心存侥幸。

五种反抗的情景

一般而言，在以下五种情景中，你的孩子可能产生反抗行为。

- 当他们没有遵守家里的基本规则时。
- 当他们没有完成作业或家务时。
- 当他们没有遵守你的指令时。
- 当他们表现不当或是惹人讨厌时。
- 当他们表现得非常恶劣或相当粗鲁时。

我会针对每一种情景，教你一些应对办法。

当他们没有遵守家里的基本规则时。如果孩子暂时忘记遵守家里的基本规则，你应先温柔地提醒他们。

你可以假装问孩子一个问题，"嘿，我们家的规则是什么"，或者"咳！这个书包为什么被放在走廊上呢"。你可以用陈述句，比如"有人在说话，但我不知道是谁在嘀咕"。你可以明确地把规则说出来，"利奥（Leo），吃饭的时候不能玩手机"，也可以只是盯着餐桌上的手机，给他一个诧异的眼神。

解决方法——温和地提醒孩子应遵守规则。

当他们没有完成作业或家务时。如果父母和孩子已经做了关于完成作业或家务的约定，解决方式将比较简单，如果孩子不完成任务，他们就不能获得贴纸、钱、玩电脑或看电视的时间，也不能买某一个新的电子产品。在这种情景中，父母只须按约定执行，比如不给他们想要的东西，其他的事都不用做。

解决方法——不要白给孩子一些他们本来需要通过做家务才能获得的好处。

如果你在这一步遇到了困难，可能是你的孩子生活得太舒适，或者你没有坚持这么做。比如，只要他们需要钱，你就直接给他们，或者在他们还没有完成该做的家务时，你就已经给了他们报酬。

如果是这种情况，说明你让孩子活得过于逍遥自在，你需要做出调整，对孩子更严格、更权威。

当他们没有遵守你的指令时。在这种情景中，你可以给孩子一个指令，比如"把你的鞋子拿到客厅外面"（这是我个人无法忍受的行为），或者"吃饭时请放下手机"。孩子有可能不会按照你所说的去做，这时你该怎么做？

> **解决方法——耐心等待，复述指令，再耐心等待。如果他们还是不为所动，实施惩戒。**

你可以先等 3 ~ 5 秒，然后准确重复刚才说过的口令，如果 5 秒后他们还是不为所动，你可以惩戒他们。

当他们表现不当或是惹人讨厌时。孩子有时会在家里不听话或行为粗鲁，父母需要解决这种问题。

> **解决方法——发出一个改正他们行为的指令，然后等待。如果他们不改，惩戒他们。**

当孩子行为不当时，你要及时发出口令并制止他们的行为，"斯凯（Skye）把手机还给我"，或者"斯凯，这样说话不礼貌"。你的话可能包含后续行为指令，"不要在电视旁边玩，你可以去外面踢球"，或者"你要反思你叫我帮忙的语气，因为这听起来有点高高在上，你可以重新说一次吗？"如果你的孩子不按照你说的做，或变得更无礼，就惩戒他们。

当他们表现得非常恶劣或相当粗鲁时。恶劣行为和粗鲁行为的破坏力极强，你要在孩子的这些行为影响你之前给予他警告。这类行为主要有：痛打兄弟姐妹，踢家里的猫，对父母爆粗口等。如果是这样，你必须让孩子知道这些行为是大家难以接受的，并对他们实施惩戒。

> **解决方法——迅速、冷静地向孩子说明为什么这类行为是不可以被接受的，并让他们接受惩戒。**

你可以说，"你不可以踢妹妹，我们的规则是要礼貌待人，你需要面壁思过"，或者"这是很不礼貌的，你现在就去拿洗车工具，把车洗干净才可以做其他事情"。

无效的后果惩戒

上文我们已经介绍了一些违逆行为，接下来我们将着手讨论父母应如何实施后果惩戒。首先，我们先明确哪些惩戒是不合适的。

威胁性言语不是后果惩戒

威胁孩子不属于有效的惩戒措施，这种做法通常是要挟孩子或引发孩子的内疚。

有的父母会痛斥孩子，说他们这么做以后是没有出息的，他们喜欢用打压孩子的方式惩戒他们，比如"如果你总是这么做，你将一事无成"，或者"如果你继续这么做，没有人愿意和你做朋友"。还有一些父母习惯用现状教训孩子，"你一直都不听我的话，估计你在学校也是这个样子，怪不得你的老师不喜欢你"。有时父母可能会说一些让孩子对自己的行为感到内疚的话，"我们花了这么多钱让你上这么贵的学校，你还不知道好好学习，你太不懂事了"，或者"你昨天对我说的话让我伤心了一整晚"。

父母为了防止孩子犯同样的错误，需要不断提高恐吓的程度，有的孩子不想听父母的这些话，他们会对父母的控诉无动于衷，导致父母加重说话的语气。

还有一部分孩子会把父母的话当成耳边风。在父母说话时，他们低着头，他们内心想的是"再忍一会儿就完了"。还有的孩子听完训斥之后会感到难过，反过来父母又会为自己的话感到愧疚，然后溺爱孩子，这又重新强化了孩子的不良行为，然后父母再次恼怒并大声呵斥孩子，形成恶性循环。

让孩子道歉不是惩戒

如今，你去任何一个游乐场都可能看到一些父母正坚持让孩子道歉的场面。父母以为自己让孩子道歉，就能让孩子知道他们的行为伤害了别人，从而使孩子不会再这么做。对父母来说，道歉还有另外一层意义，那就是自己可以以此展示自己是一个好家长，这样其他人就不会责怪他们不负责任。

我不认为让孩子道歉是一种有效的惩戒方式，孩子的大脑还没办法理解"对不起"这个词在不同情境中的真实含义。大多数人至少到 25 岁才能完全发展出同理心和高级判断力。孩子的大脑通常还没发育到足以有能力判断自己的行为将为他人带来何种后果的程度。

道歉可能对成年人来说是有效的，但对小孩来说就不一定。

成人会承认自己的错误，会担心对方能否接受自己的歉意，也知道当众承认错误并道歉，并表示为此过意不去。但是儿童和青少年无法理解这一点，道歉对他们来说也不是什么大不了的事。

如果父母强迫孩子道歉，孩子的语气里可能充满不屑和怨恨，道歉会变成侮辱。有一些孩子可能很随意地说了对不起，但是没有弄明白道歉的真实含义，道歉对他们来说，就像"大象"一样稀松平常。这类孩子可能把麦片倒在地上，然后马上向父母道歉，"对不起"三个字对他们而言没有实际意义，只是一个可以帮助他们躲避父母惩罚的说辞。

写道歉信或给予歉意的拥抱不是有效惩戒

现在亲子冲突中还有一种令我担忧的现象：孩子会给父母写道歉信。很多向我咨询的父母都说他们遇到了这种情况：孩子在做错事后变得十分暴躁，他们大喊大叫且固执，父母要求孩子回房间反思，大概一小时后，孩子便从房间里出来，手里拿了一封措辞情真意切的道歉信，并真诚地向父母道歉。与一小时前的不愉快相比，当父母收到这样的道歉信时，他们很难不为之动容。父母这时可能会抱起孩子，亲吻他们并重归于好。有时候，道歉也不一定需要用到道歉信，孩子只须走出房间，泪眼婆娑地伸出双手对父母说"对不起"，父母便会忍不住拥抱孩子，告诉他们父母有多么爱他们。

这些父母找我咨询是想解决他们孩子的问题行为，但是他们又会提到孩子是多么可爱。

问题是道歉只是这些孩子的把戏，他们并没有真的悔改，他们知道该如何操控父母的情感。孩子知道这些道歉信可以毫不费力地赢得父母的原谅和关注，他们不用听父母的话，反过来甚至可以控制全家。虽然这种孩子很聪明，但是他们的父母若总是心软，孩子的自我调节能力将很难得到发展。

如果孩子给你写道歉信或表示歉意，你可以平淡地回应，有时还可以漠然处之。不要在孩子渴望你的原谅时立刻原谅他们，这样会使得他们以为自己掌控了整个家庭，可以使你按照他们自己的意愿行事。

我并不是说孩子所有的道歉信和拥抱都是别有用心。我质疑的是，孩子刚刚才发了那么大的脾气，如今这么快便写出一封"情真意切"的道歉信，这种态度有多少可信度呢？父母应留意一下，孩子在表达悔意后，是否真的有改过自新倾向，如果没有，那么你可能被他们戏弄了。

不是道歉不可行，而是父母永远不要以道歉作为不良行为的主要惩戒方式。

父母有时可以向孩子解释，他们的不良行为对其他人造成了什么影响，然后问孩子："你觉得怎么做才是正确的？"孩子可能会想到说"对不起"，以表示自己知道错了。这时父母要让孩子做出一些实际行动，比如把玩具让给其他小朋友玩。

父母可以鼓励孩子思考怎么做才是真心道歉，让孩子明白，浮于表面的道歉或者一个充满歉意的拥抱无法真正解决问题。

有效的后果惩戒

上面我们已经讨论了什么惩戒是无效的，下面我们来看看有效的后果惩戒。

把某些东西拿走

对刚会走路的小孩来说，如果他们行为不当，父母把他们正在玩的东西拿走是最有效的惩戒方式之一。如果孩子用暴力的方式玩玩具，父母可以一边摇头一边坚定地告诉他们，不可以这样；也可以向孩子演示正确的玩玩具的方式。如果孩子仍然很暴力，父母就可以先把玩具拿走几分钟，等时间到后再将其还给孩子。这样做会让孩子知道，如果他们不好好玩玩具，就无法得到这个玩具。父母拿走玩具的时间不用太长，1 ~ 2 分钟足够了，这样可以保证孩子对这个玩具还有兴趣，如果时间过长，孩子将会忘记这个玩具的存在。

如果归还玩具后孩子可以好好玩，父母可以表扬他们或对他们报以微笑。如果他们还是粗暴地对待玩具，父母可以把玩具拿走更长一段时间，比如 5 分钟；如果再次归还玩具他们还是老样子，就拿走 10 分钟，并观察归还他们玩具后，他们能否好好玩。

这个策略对其他年龄段的孩子同样适用。如果你已经跟 11 岁的孩子说了两遍让他们关掉电视，他们仍无动于衷，你就可以把电视关掉 5 分钟。

父母拿走的东西不一定是实物，也可以是孩子的自由。如果父母和 4 岁的孩子逛商场，孩子总是跑来跑去，父母可以抓住他们的手，或者把他们放回婴儿车。这样父母就是在限制他们的自由，让他们无法到处乱跑。

使用"暂停冷静法"

在家里来客人或者父母回家的时候，有些孩子容易由于过度兴奋而做出不当行为，他们也有可能因为得不到自己想要的东西而大发脾气。他们有时可能会因为心情不好而莫名其妙地发飙，以至于父母都搞不清楚他们发飙的缘由。

使用"暂停冷静法"对管理孩子的过度兴奋或失控暴怒有很好的效果，尽管这个方法存在争议，但我还是要把它列为最好的方法之一。

下面我们来看看怎么运用"暂停冷静法"。

暂停冷静法不是一种隔离惩罚，
而是一种帮助反应过度的孩子平静下来的方法。

我在这里说的暂停冷静不是指父母要把孩子关进"小黑屋"进行隔离，也不是让孩子坐在某个地方反思他们的"罪行"，而是让孩子只暂时脱离刺激，进行自我反思并回归正途，有点类似儿童版的"数十个数冷静下来"。

孩子在特别生气或兴奋时，是无法自我觉察的。父母采用暂停冷静法，可以让孩子冷静下来。如果不这样做，孩子有伤害自己或他人的风险，如果父母放任孩子，使其处于激烈的情绪状态，后果就是父母会对孩子发脾气或恐吓孩子。

暂停冷静期，又称冷静期、隔离期，你喜欢怎么叫就怎么叫，重点是要让孩子知道这个名字意味着什么。如果你给孩子指令，要求他们改变行为，他们没有照做，或者他们突然愤怒地把杯子扔在地上，你可以冷静地告诉他们这种行为是不对的，要求他们冷静一下，这时他们就知道你的意思了。

暂停冷静法对 1.5 ~ 10 岁的孩子而言是一种有效惩戒，它最适合的是年龄在 2 ~ 10 岁的孩子。

如何实施"暂停冷静法"

地点。家里的一个相对无聊但**安全**的地方，暂停冷静的地点需要和正有活动开展的地点分开，如果家人正在看电视，暂停冷静的地点便不要被设置在同一个房间内，孩子需要远离刺激和他人的关注，这样他们才能冷静下来。我想他们自己的房间不会太无聊，所以他们自己的房间一般不适合被作为暂停冷静的地方。

对学步期儿童来说，父母可以将游戏围栏或者婴儿床作为孩子的冷静空间，婴儿床是一个比较理想的地方，如果父母担心自己会对孩子发脾气，把孩子放在婴儿床上是一个很不错的选择。这样不仅可以使孩子冷静下来，也可以保证在父母气消之前，孩子都会待在一个安全的地方。当父母和孩子都平静下来之后，父母可以把孩子抱出来，而不用担心孩子会把婴儿床和不愉快的体验联结起来。暂停冷静只是为了让孩子冷静下来，这不是一种惩罚，在孩子冷静的过程中，父母可以和他们待在同一个房间里，这样父母自己也可以冷静下来。

时间。让孩子在暂停冷静的地方坐 2 ~ 3 分钟，期间不要说话也不要有什么动作。父母可以根据孩子的年龄及对孩子的了解判断他们需要多长时间能冷静下来，从而调整暂停冷静的时间。对年纪较小的孩子，父母可以设定短一点的时间，而对年纪较大的孩子，父母可以设置长一点的时间。这个时间不需要很精确，取决于孩子冷静下来的速度。

步骤。当孩子没有遵从你的口令，或是他们做了坏事时，父母要从容且简要地向孩子解释他们做了什么，接着告诉他们，他们需要暂停冷静，"你没有按我说的做，所以你现在要暂停冷静"。父母可以牵起孩子的手将他们带到台阶上或是椅子上，把他们留在那里，告诉他们，"暂停冷静2分钟，从你安静时就算开始"。你可以站在孩子附近，不要离他们太近，不需要太关注他们或深情地看着他们。

这一步的关键点是，父母需要非常冷静，这会鼓励孩子也冷静下来。我建议父母在他们旁边时做点其他事情，比如整理文件，修剪指甲，这样孩子便知道父母在他们进行暂停冷静时没有慌乱，有助于他们平复情绪。

当孩子拒绝暂停冷静时怎么办

如果孩子跑了，父母要把他们带回来。不要把他们直接按在椅子上，这样他们反抗的情绪会更加激烈，并且容易有人受伤。如果父母需要强制把孩子按在暂停冷静的地点，他们就不是在帮助孩子保持冷静了。

孩子可能会跑掉几次，甚至是很多次，这并不意味着这一策略没有用，只是说明孩子比较焦躁，他们跑掉的次数越多，说明他们越不尊重父母的权威，也越表明他们缺乏良好的自我调节能力，以至于连待在某个地方这种简单的指令都无法遵守。从长远来看，暂停冷静对他们是有帮助的，不过要让这个方法起作用需要时间，父母应持有一定的耐心。

实施暂停冷静法后，孩子的抵触情绪可能会持续好一段时间，我见过持续2小时的暂停冷静。在这个过程中，父母把孩子放在暂停冷静地点，孩子跑了，父母再次把孩子放在那儿，孩子又跑了，如此反复。这种情况表明孩子根本没有认可父母的权威，父母要坚持把孩子带到暂停冷静点，直到他们开始听从父母的指令并且学会坐在那里冷静下来。不管需要多长时间，父母都要坚持这样做，直到指令起效果。

不管需要多长时间，这一策略最终都会有效果，一旦孩子可以安静地坐在那里几分钟，就说明他们已经开始遵从父母的权威，并且也成功地平静下来了，这意味着以后每一次暂停冷静的时间都会越来越短。

孩子可能想尽办法逃避暂停冷静，并且企图夺回他们在家里的控制权。他们可能不停地问父母还要坐多久，此时父母最好叫孩子保持安静，并且重复这句话："如果你安静下来，暂停冷静只需要 3 分钟。"

他们可能要去洗手间，要喝水。这时就更考验父母能否坚决地拒绝他们的请求，父母应在孩子能够安静地待够时间后，再允许他们去洗手间或喝水。如果父母觉得这样做太极端了，也可以先让他们去洗手间或给他们拿一杯水，然后继续实施暂停冷静法。

孩子在暂停冷静时所做的一切无非都是想重新夺回控制权。我听说过有一些孩子在暂停冷静时直接大小便，这不是由于暂停冷静时间过长导致的，而是他们把这种行为作为重获控制权的手段。针对这类情况，一种比较强硬的做法是，父母无视孩子的行为并继续执行暂停冷静，但是如果这样实施起来很困难，父母可以先帮孩子清理干净，再重新开始暂停冷静。父母要记住的是，孩子对暂停冷静的所有反应都是失去控制权所致，又或者因为他们还处于极端愤怒的状态，这不是暂停冷静法本身的问题。父母只须记住：你就在旁边，孩子是安全的，这个策略也不会对孩子造成什么伤害。

如何结束暂停冷静

当孩子已经能够在指定的时间里保持安静，并且看起来确实冷静下来了，父母可以结束暂停冷静，说："米娅（Mia），暂停冷静结束了，你可以从那离开了。"如果米娅拒绝离开那里，父母可以耸耸肩然后走开，不过需要注意，她可能还是高高在上，并想重新成为掌控者。父母可能在下一次需要延长一点时间，或者需要更多的威信，确保孩子能够配合。

如果孩子突然做了一件很淘气的事，你可以对他们实施暂停冷静，在暂停冷静后他们才能自由行动。但是，如果孩子不遵从父母的指令，父母有两种处理办法。第一种比较节省时间，父母只需要在暂停冷静结束后重新下达指令；第二种是父母让孩子回到出现问题的情境，比如暴力对待玩具时，并在他们玩了几分钟后，发出与之前一样的指令，如果他们仍不遵从指令，父母可以对他们实施暂停冷静。

相比第一种，第二种做法更值得推荐，这种做法可以让孩子学会听从父母的指令，也可以显示他们是否学会了听从重要指令。不过有时父母很忙，想快点把事情解决，此时选择第一种做法无可厚非。

暂停冷静后无须道歉

许多家长会在暂停冷静后向孩子道歉。或者尝试再次解释为什么要让他们暂停冷静。我相信他们这么做是想和孩子重建关系，并确认他们的孩子明白他们这么做的苦衷。这两种做法都不好，因为没有必要这样做。你的孩子会知道他们干了什么，你在一开始进行暂停冷静时就和他们说过了，你的行为不是残忍的，你只是想让他们安静下来并在那里坐上几分钟；你也不是无情的，你是在教他们如何在不理智或行为不当的时候冷静下来。事实上，教会他们这个重要的技能是一种爱的体现。

你要记住，暂停冷静只是一个单纯地让孩子冷静下来的活动，你就在他们附近，他们是安全的，这不是一件复杂的事，孩子并不会因为你狠心这么做就不开心，他们不开心的真实原因是他们无法随心所欲，他们不开心也有可能是因为他们很难让自己冷静下来，随着不断地练习，他们会越来越容易让自己冷静下来。

在家以外的地方实施暂停冷静法 [①]

如果是出门在外，父母可以用一个简化版的暂停冷静法。比如，孩子在公园玩或参加聚会时，如果他在沙池里向其他孩子扬沙子，你可以说："不能扬沙子。"如果孩子不听话，你可以把他带到沙池外，让他和你一起在椅子上坐几分钟再回到沙池，观察他是否还会向其他孩子扬沙子。如果他们继续这么做，再把他们带出来，跟你待更长的时间。如果他们屡教不改，你可以直接把孩子带出公园，让孩子在远离沙池的地方冷静下来，也让他们知道，如果不能好好玩耍，便没有机会出来玩。

为孩子介绍暂停冷静法

父母在开始使用暂停冷静法之前，可以向孩子解释这一方法，这样也有助于这一方法的实施。父母可以说："西奥（Theo），我要对你讲一下，当你很生气或不听话的时候，我会让你做一个叫作暂停冷静的活动。在家里，暂停冷静的地方就是那把椅

[①] 父母应注意，在家以外的地方实施该方法时，更要关注孩子安全，安全第一，如果周围环境有隐患，则不可实施暂停冷静法。——译者注

子，如果你没有在家里，那么操场边那种长条凳就是暂停冷静的地方。如果你不听话或太冲动，我会叫你在椅或长条凳上坐几分钟，直到你冷静下来为止。你要不要先试试？现在，你可以到那个椅子上坐一下，两分钟后我会告诉你……两分钟到了，你可以继续玩了，清楚这个规则了吗？你有没有其他要问的？"

在理想的情况下，父母并不需要经常使用暂停冷静法，而且随着时间的推移，它被使用的频率将越来越小。父母可以记录孩子需要多长时间才能冷静下来，还有使用这个策略的频率，一般在几周之内，这一策略被使用的频率会逐渐降低。如果频率没有下降，你可能需要重新阅读这一部分的内容，看看自己是否做到正确使用这一策略。

如果是双亲家庭，父母可以在双方都在场的情况下试试这一方法，这样夫妻之间可以互相帮助；如果是单亲家庭，父母可以选择在周末比较有时间的时候试试这一方法。如果孩子无法按时起床或就寝，父母可以把日常生活安排的时间稍微提前一点，这样父母就有足够的时间执行暂停冷静法。如果孩子在早上出门前总是拒绝穿鞋，父母可能要提前 15 分钟或 30 分钟叫他们起床，这样可以确保在实施暂停冷静后，自己上班不会迟到。这一技术最初执行时会比较痛苦，不过只要能够坚持下去，收获的回报会远远大于付出。

如果暂停冷静法对你的孩子无效，该怎么办

很多父母向我反馈，他们在孩子身上实施这一策略时收效甚微，他们可能犯了一些典型错误，具体如下。

不少家长是这样执行暂停冷静的，他们让孩子回到自己的

房间，并对孩子说："在你的房间待着，直到你觉得自己可以好好表现时才可以出来。"这些父母通常会直接把孩子关在房间里，这是非常糟糕的做法，孩子会在房间里尖叫、踢门，直到最后没了办法才冷静下来。这不是暂停冷静，是隔离，这种做法不会有什么用处。如果父母让孩子在感觉自己可以好好表现时才能出来，很有可能当他们出来时，心里还是很愤怒，问题会再次爆发。

另外一些家长犯的错误是胡乱使用暂停冷静法，有时他们是因为自己很生气，所以对孩子使用这个技术，而不是因为孩子的行为不当。还有一些父母非常粗暴地使用这一技术，或者直接把孩子拽到暂停冷静的地方，这些做法都无法帮助孩子冷静下来；一些父母会重新回到对孩子大喊大叫的状态，或者任由孩子胡作非为。父母要记住，要想让你的孩子学会自我调节，你需要先平复自己的心情，并且在使用这一方法的时候尽量保持一贯性。

很多父母期望暂停冷静法能立刻见效，当他们叫孩子在那里坐 3 分钟冷静下来时，他们期望孩子在椅子或台阶上待 3 分钟便能奇迹般地冷静下来。如果第一次让孩子暂停冷静时没什么效果，父母可能会失望，他们会认定这招对他们的孩子没有用。

当你的孩子极端痛苦、愤怒或行为失控时，你除了实施暂停冷静法，别无他法。

有些家长会说，在孩子痛苦的时候，父母要抱抱他们，让他们感觉好点，我认为这并不是长久之计。如果你每次都这样，孩子会对家长的安慰产生依赖，等他们长大了，如果他们痛苦时父母不在身边，又该怎么办？如果他们因为干洗店没有帮他们洗好衣服而尖叫，干洗店的店员会走上去给他们一个大大的拥抱吗？不太可能。当他们行为不当或情绪失控时，老师和上司也不大可能拥抱、安慰他们。如果父母让孩子产生了这样的期待：他们表现不好时，别人总会拥抱或安慰他们，那么他们是无法面对真实世界的，他们需要学会控制自己的情绪。

这听起来很困难，不过父母要知道，如果你的孩子学会自我调节并能听从你的指令，你们的亲子关系将更加融洽，孩子也会更快乐，你也会更快乐，你与伴侣、与其他人的关系也会变得更好，此外这样做还可以缓解你的身心压力，节省时间及心理咨询费用。

家务包—— 一种针对青少年的暂停冷静法

在孩子 8 ~ 10 岁时，暂停冷静法可能不适合他们了。对于这一年龄段的孩子，如果他们行为粗鲁或不听话，父母应该怎么做？我建议你使用一种叫作"家务包"的策略。

家务包是指在孩子没有完成自己分配的家务时，父母收回他们权限的策略。孩子会失去所有玩乐权利，比如看电视、玩电脑或者去朋友家玩等，直到他们完成父母分配的任务。

父母给孩子设定的家务应该和他们行为不当的程度相匹配。可以是收拾、叠好清洗干净的衣物，把篮子里的衣服熨好，把屋前的地扫干净，洗车、擦玻璃、洗窗帘或是清理屋顶的排水槽。父母应该准备一些可以随时分配给孩子做的家务，而不是一些可以被拖到下周末的家务。

即使你对孩子所说所做的事情感到非常生气或失望，你在给孩子布置家务包时还是要保持沉着冷静。你可以说："马里奥

（Mario），你刚才说的话非常粗鲁，现在你有一个家务要做，在你洗完车之前，你所有的权限都被取消了。"你还可以加上一句："那意味着你不能看电视、玩电脑、打电话或者去查理家，除非你把车子洗干净。"说完你便可以一走了之。

这种家务包的好处在于，你的孩子可以明白其行为带来的后果，调整好自己的情绪并主动完成家务。最重要的是，他们必须通过完成这些家务重新获得他们想要的权限，父母无须使用其他激励措施。

使用家务包的另一个好处是，你无须用言语或情绪让孩子明白他们做错了。你也不用让他们对自己所说的话感到愧疚，恶狠狠地让他们付出代价，或者让他们知道你是如此伤心，以此迫使他们重新考虑自己的行为。通过告诉他们有一个家务包，你可以保持冷静，为他们树立榜样，避免事态恶化及与孩子发生争吵。你只须让孩子知道，他们需要为自己的不当言行承担后果，你无须让孩子知道他们令你心烦，这可以帮助你保持主导权，维持一个冷静的成年人的形象。

如果他们在完成家务时磨磨蹭蹭，你也可以自己做，但要给他们分配一个更难的家务活。这种情况可能发生在你要收衣服的时候，或是你觉得他们在和你玩"权力的游戏"①，而你想把这种想法消灭在萌芽之中时。你需要让他们知道，你已经把之前分配的家务做好了，他们现在要做其他家务，并且你也给他们分配了新的家务——一个更脏、更耗时的任务。

---

① 此处作者指的并不是美剧《权力的游戏》（*Game of Thrones*），而是孩子和父母之间的权力争夺现象。——译者注

要想成功实施家务包这一策略，
父母必须先收回孩子的电子产品和特权。

家里的电子产品必须归父母管制，孩子永远都不能认为某个电子产品，比如电视，是他们的专属物品。如果身为父母的你无法收回对家里某些电子产品的控制权，那么你可能要阅读本书第一部分，有关如何在家树立权威的内容，我也推荐你寻找专业的帮助，第十六章有关于这方面的具体介绍。

如果青春期的孩子只是偶尔粗鲁无礼，那么父母无须过度担心。青春期旺盛的激素让孩子容易情绪化。他们也开始有独立的意识，这些都是正常的。只是有时候孩子在独立这条路上迈得太快，父母只须在他们行为越线时提醒他们一下即可，父母应就事论事，不要针对个人。如果类似事再次发生，父母要冷静、快速地处理好，之后大家又是其乐融融的一家人。

总结

自我调节能力有助于孩子做出有益于他们未来幸福，而不只是为了一时满足的行为。当孩子发展出自我调节能力时，他们就可以管理好自己的情绪、表现得体并能与他人愉快相处。

父母在培养孩子的自我调节能力时需要用到三个组合拳——设立规则，进行家庭日常生活安排及分配家务，设置有效的指令并对违抗行为实施惩戒。

请父母遵循以下策略。

- 确保你总是掌握主导权。
- 制定并坚持执行基本的家庭规则。
- 规范孩子需要遵守的起床、上床睡觉等日常生活规则。

- 让你的孩子赚取他们自己想得到的东西。
- 给你的孩子分配有偿和无偿的家务。
- 当孩子足够大时，鼓励他们去做兼职。
- 少给孩子买东西，当孩子没完成家务时，尝试使用"家务包"的方法。
- 给出清晰、简明的指令。
- 在让孩子做事情时，避免使用威胁和警告。
- 当孩子反抗时，提醒他们规则并且让他们承担相应的后果。
- 让孩子承担不良行为的后果，比如把他们的东西拿走一段时间、实施暂停冷静法或为其分配家务包。
- 在孩子承担不良行为的后果之后，使家庭生活恢复正常。

第十三章
后退一步，让孩子站起来

在孩子的成长过程中，父母要逐渐允许孩子变得独立，相信孩子的能力，这样孩子才会更有责任感并成熟起来。换句话说，父母要学会放手，让孩子自己独立起来。

在我开始写此章节时，正值澳大利亚的"毕业周"[①]，成千上万的青少年涌向黄金海岸及其他海滨城市，参加为期一周的夏季聚会，以此庆祝中学毕业。

几乎所有青少年都梦想着参加这个毕业周，但这成了父母们的噩梦。让十七八岁的孩子去参加长达一周的聚会，和朋友住酒店，接触酒精和小众音乐，甚至与异性亲密接触，父母简直会疯掉，怪不得有大概 1/3 的父母禁止孩子参加毕业周活动。

媒体也会对这一周进行大肆报道，很多父母会被报纸上报

---

① 澳大利亚中学有毕业庆祝周，每年的 11 月或 12 月，大部分学生会在海滨城镇度假。——译者注

道的如青少年醉酒、衣着暴露等新闻吓坏，其实大部分青少年表现得都很好，活动也十分安全。

父母担心自己的孩子会在这样的狂欢周发生意外，这是可以理解的。但是我发现，每逢毕业周的前几周或前几个月，父母都会极其焦虑。

有趣的是，一些父母会认为毕业周将成为孩子第一次面对诱惑及压力的场合，他们希望通过避开毕业周，让孩子躲过相关风险。其实，孩子接触这些东西的时间要比父母以为的更早。

采用盆景式养育的父母试图保护孩子，使其远离外界危险，但这会导致孩子没有做好走出家门、应对危险的准备。

被过度保护的盆景小孩没有做好面对各种潜在风险的准备。

要面对这些具有挑战、诱人又冒险的生活，孩子需要自身有一定的责任感，心理要足够成熟。本章我们会讨论父母应如何培养孩子的独立性、责任感和成熟水平，使其有能力面对风险；还会讨论如何让孩子学会承担更多的责任，享受更多的权利。我还会给父母一些保持自身独立性的建议，这样父母的生活就不会完全围着孩子转。

从一个游戏开始

你可以准备一张足够大的纸，在纸上画一个坐标轴，在 X 轴左端写上你的孩子现在的年龄，右端写上孩子成年的年龄（"成人"年龄），大多数父母可能选择孩子中学毕业、开始全职工作或上大学的年龄，大概是 17/18 岁，再将 Y 轴标注为"独立 / 成熟"，最下端记为 0，顶端记为 100（见图 13-1）。

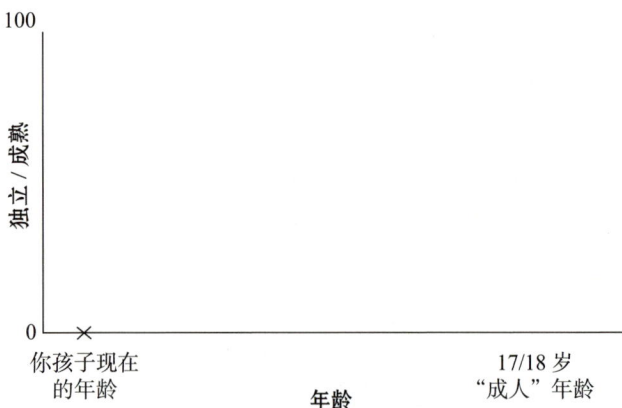

图 13-1　画一张基础的坐标图

　　现在请你想一件你的孩子在成年后要面对的事，这件事需要他们具有较高的心理成熟水平及较强的责任感，最好是他们搬出家之后要做的事，比如开始上大学，开始从事全职工作等。以上大学为例，请你思考一下，如果这件事百分之百需要由你的孩子负责，你希望孩子能完成它的具体年龄是多少岁，把这个位置用叉号标出来，如图 13-2 所示。

　　然后想想，你的孩子目前正处在什么程度，如果满分为 100 分，你会给他们目前的责任感、成熟水平和独立性打多少分？你在思考这个问题时，可以综合下列因素进行评估。

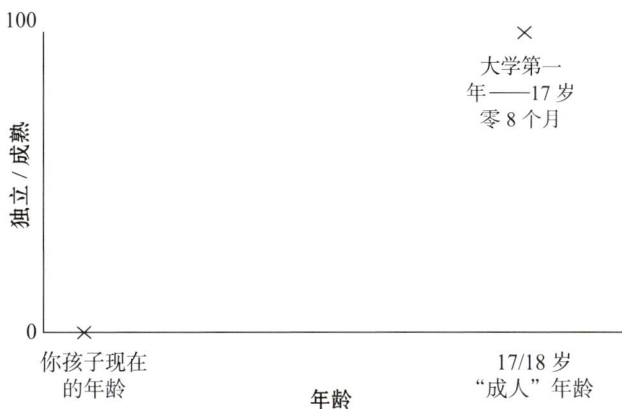

图 13-2　标记一个你希望孩子独立做的事件，并标出期望年龄

生活自理程度

- 他们是否可以自己洗澡、刷牙，无须父母的提醒？

- 他们是否可以每天自己起床并做好一切准备？

- 他们是否可以解决自己的吃饭问题，包括买菜、做菜、清洗碗筷等？

- 他们是否可以自行整理衣物，包括洗涤、分类及收纳衣服？他们能否给自己买新衣服？

- 他们能否自己搭乘公共交通工具，而不需要你的建议，不用你开车接送他们？他们是否知道从 A 到 B 该怎么走？如果他们自己有车，他们能否承担对车子的维修及保养责任？

- 他们是否可以照顾好自己的身体，在生病时照顾好自己或独自就诊？他们是否知道怎样能让自己的病好起来，并且可以为了健康放弃社交活动？

自信程度

- 他们在各种事情上是否具有良好的判断力？
- 当他们面临困境时，是否有独自解决问题的能力？
- 他们是否有明辨是非且知道该如何行事的能力？
- 他们是否相信自己的判断力？
- 面对同龄人的压力时，他们能否做出自己的选择？
- 他们是否有道德感？

组织能力

- 他们是否能够安排好自己的学习和日程？
- 在没有大人的提醒下，他们是否可以安排好自己的学业？
- 他们能否按照事件紧急程度安排自己的工作？
- 他们能否平衡好兼职（足够大的孩子）、家务、学业及社交之间的关系？

自给自足程度

- 他们是否懂得金钱的价值？
- 他们能否对自己的任务及日程安排做好预算工作？
- 他们能否养活自己，无须父母的经济支持？
- 他们是否知道有些东西是他们支付不起的，而不用等到父母指出？
- 在他们上大学或工作的第一年，他们的经济水平能否支撑得起他们理想的生活方式？

是否尊重他人

- 他们是否尊重权威并接受权威人物的教诲？
- 他们能否对自己的行为负责？

- 他们是否尊重社区里的其他人？
- 他们是否具有社区精神？
- 他们是否发自内心愿意帮助他人，而不是仅仅期望被赞美？

个人动机

- 你所标记的成年事件，如上大学或从事全职工作，是否也是他们想要实现的，还是仅仅为你对他们的期望？
- 他们所做的一切是为了自己，还是仅仅为了得到你的认可或他人的赞美？
- 他们是否致力于这种新体验？他们是否对此表现出激情？他们这么做是否只是因为这是每个人必经的人生阶段，并且他们的朋友也这么做？
- 他们是否为了达到目标而付出了努力？即便你提出资助他们，他们自己也在实现目标的过程中做好了经济方面的准备？

亲密关系和自尊

- 他们是否知道亲密关系的相关信息？
- 他们能否区分好的或不好的亲密关系？
- 他们是否在友谊和亲密关系中做出了理智的选择？
- 他们能否在一段关系中保持分寸，同时维持好其他关系？他们是否很容易被诱惑，会为了一段新的关系而抛弃一切？

酒精

- 他们是否充分了解酒精的害处？
- 他们在面对酒精时，是否能做出明智的选择？

• 在面对酒精时，他们是否有能力和信心做出正确的选择？

在仔细考虑清单上的问题后，你可以评估孩子目前的独立水平和成熟水平（满分为 100 分）。你可以在他们当前的年龄相应的水平位置上，用符号 × 标记出你的评估分数。假设你认为 15 岁的孩子的责任感目前处于 50 分的水平，你画的图看起来就像图 13-3 一样。

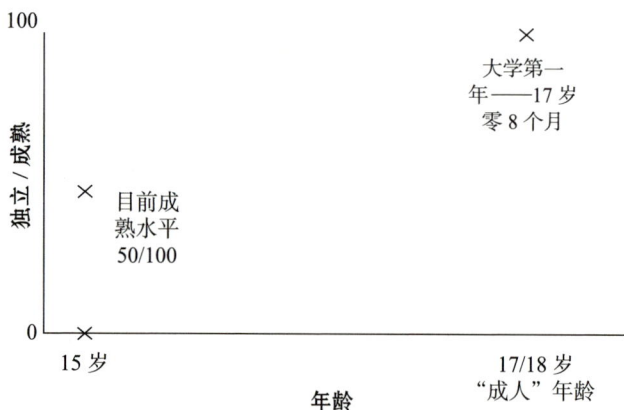

图 13-3　标出孩子目前的独立水平和成熟水平（满分为 100 分）

现在你要记录一下图中两个"×"（不包含坐标轴上的 ×）标记之间的差距，这个差距就是你需要帮助孩子变得独立、成熟所需要的工作量。差距越大，你要做的工作越多，只有这样做，你才能确保孩子可以在这段时间里做好面对成人生活挑战的准备。

如果你的孩子正处于青春期，你就要加以重视。如果孩子没有达到与他们所面临的任务相匹配的成熟水平，他们会大受其害。实际上，很多大学生或刚工作的年轻人的坐标轴情况和图 13-4 很像。

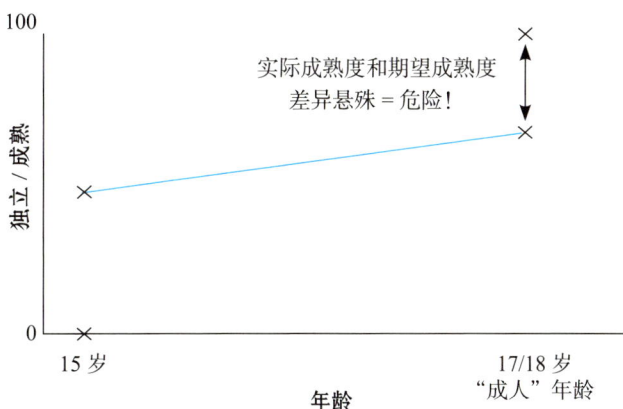

图 13-4　孩子实际成熟度和期望成熟度差异悬殊

在图 13–4 中，孩子的成熟水平并没有达到他们这一年龄所需要达到的水平，这说明父母为了孩子做了太多事，以至于孩子没有做好承担成年后的责任的准备。这些孩子可能辍学、被辞退甚至不断遇到麻烦。

若孩子实际成熟水平与他们面临挑战所需要的成熟水平之间落差巨大，将导致他们没有足够的能力和资源应对各种问题，他们不敢直面困难，并且拒绝承担责任。他们会回到父母的家里，享受父母的照顾。

父母要想让孩子变得成熟、独立和有责任感，最好的方式便是，从现在开始学会放手。

**父母的逐渐放手可以让
孩子慢慢成熟、独立起来。**

如果父母学会放手，那么孩子从现在起到成年时的成熟水平就会是一条平稳的直线。

现在，在你图中两个"×"标记之间画一条直线，写上你所需要的时间。看着这条线，它的倾斜程度以及你所需要的时间。如果这条线很陡，留给你的时间很短，那么你要尽快将本章的建议付诸行动；如果这条线比较平缓，那么你可以继续当前的做法。不管你的孩子在上幼儿园、初中还是高中，即使你的时间还很充裕，你也需要立刻行动起来。

该怎么做呢？父母应带着关爱和审慎的态度使用本章建议的策略，这些策略是以前面的章节为基础提出的。

**父母需要学会放手，
让孩子自己站起来。**

父母只有停止为孩子包办一切，孩子才可能变得成熟、独立，除此之外别无他法。

如何提高孩子的独立性和成熟水平

生活自理能力

父母应先教会孩子怎么做，然后逐渐减少对他们的帮助，孩子应该在没有父母的提醒及帮助下独立完成一些事情。如果没有达到这个程度，父母可以给他们提供激励条件。对于年幼的孩子，父母可以采用行为奖励（或虚拟的行为奖励），比如如果他们在规定的时间里洗完了澡，那么父母就可以多为他们讲一个睡前故事。规定正处于青少年时期的孩子需要洗完澡才可以玩电脑、看电视，这样洗澡、刷牙才会成为他们日常生活的一部分。有关生活习惯的养成，父母也可以回顾本书第十二章的相关内容。

随着孩子的成长，父母要逐渐减少对孩子的帮助。如果孩子已经读初中了，父母便不要再把他们准时出门上学变成自己的工作，给他们一个闹钟让他们自己定时间起床，如果他们无法准时上学，让他们自己承担后果，自己搭乘公交车上学。

父母还可以教孩子一些生活技能，比如做饭、洗衣服等。到了高中阶段，父母可以让孩子煮晚饭或洗衣服，也可以在他们的家务清单上加上洗衣服和做饭两项内容。在孩子 14 岁左右时，父母可以带着他们一起去买菜，教他们怎么省钱及挑选菜品，也可以把购物清单给他们，让他们自己去买。父母可以给孩子提供一些通过做家务赚钱的机会，允许他们自己选购新衣。

父母应该让孩子学会自己解决出行问题，减少开车接送孩子的次数，如果孩子要去朋友家或上兴趣班，父母应该鼓励孩子自己出行。父母可以教孩子怎么坐公交车。

在孩子读高中时，除非学校离家很远，否则最好自己上下学。父母还要和孩子做好一些约定，比如放学后不能去商场或购物中心，在几点钟前要回家，要与父母通过手机保持联系，让父母放心。

父母也可以提前让孩子做好和朋友出去玩的准备，模拟一些可能遇到的困难并问他们应如何解决，比如在他们搭错车或把搭车的钱弄丢了时，应该怎么办？

父母不要直接给孩子买车，让他们自己赚钱买。用自己赚的钱买车是一件很有成就感的事，可以提升孩子的自信心。如果父母的确想给孩子买车，让他们自己赚取油钱并支付车的保养费用。

父母应教育孩子为自己的健康负责，在他们感觉不舒服时，

问他们需要做什么，而不是马上帮他们挂号，可以让他们自己挂号。现在，有些大学生家长还在帮自己的孩子挂号。实际上，在孩子读高中时，父母就可以让他们学会自己挂号了。

自信心

如果孩子已经逐渐长大，父母仍在包办一切，那么孩子将更加依赖父母，他们会变得不自信。

> 提升孩子的判断力和解决问题能力的有效方法，是让他们自己做决定。

随着孩子逐渐长大，父母可以问他们要做什么事，而不是直接告诉他们要做什么事。父母可以从一些小的决定开始，逐渐增加让孩子做决定的机会，直到他们可以完全自己做决定。偶尔犯错不是什么坏事，这样孩子才有机会学会承担后果并吸取教训。

父母要从孩子小时候起就培养他们自主决定的能力，父母可以提建议，也可以与孩子分享自己是怎么做某个决定的，从而帮助孩子做决定，他们在任何年龄都可以这么做。一起观看戏剧演出就是一个很好的时机，父母可以和孩子讨论戏剧中的人物是如何做选择并判断是非的。一旦孩子能够理解，也会试着照做；父母还可以和孩子讨论电影中有争议的角色的行为，比如《哈利波特》里的西弗勒斯·斯内普老师（Severus Snape），《飞屋环游记》里的卡尔·弗迪逊（Carl Fredricksen），或是《绿野仙踪》中的女巫，这些角色不能被直接定义为"好人"或"坏人"，也不是孩子容易遇见的那类人。有关人性复杂性的讨论可以帮助孩子用更成熟的眼光看待问题。

在孩子到了参加有潜在危险的聚会的年龄前，父母可以引导他们思考在面临朋友邀请时应该怎么做，尤其是在涉及与异性亲密接触、接触酒精等时。父母可以和孩子讨论在这种情境中可能出现的问题，并问问孩子会怎么做，如果孩子不知道或者给出了一个不太合适的答案，父母要指导孩子做出明智的抉择。父母也可以在不同年龄阶段，用电影、电视节目或书本中的类似情节教孩子应如何应对。

作为父母，你要鼓励孩子表达自己的观点，即使他的观点和你相左，也应该让他知道，他可以对生活有自己的看法，不需要人云亦云，你要培养孩子独立思考的能力和表述自己观点的自信。

统筹的能力

父母不要总是辅导孩子做作业，要培养孩子对自己作业的责任感，使孩子在没有父母的提醒和督促下也能完成作业。父母可以向孩子示范该怎么安排事情，减少对孩子的帮助。不过应循序渐进，最好在孩子还比较小的时候就开始这样做，这样他们在高中阶段就能自己完成作业。

成年人的生活需要承担很多责任，父母也要让孩子学会根据事情的轻重缓急安排完成任务的顺序，比如如何安排兼职、运动、健身、探望亲朋好友和休息等多项活动，从小培养孩子的统筹能力对孩子以后的学习、工作和生活等非常有帮助。

自给自足

就像第十二章所介绍的那样，在孩子还小的时候，父母要让他们承担一定的责任，让他们知道权利和义务是相伴的，美好生

活需要自己努力争取，而不是想要就会有。父母从给孩子零花钱开始，就要让孩子自己花钱买东西。在孩子还小的时候，父母可以教孩子如何存钱，但是孩子自己要学会做财务规划及预算。

节假日有送礼的习俗，在这些节假日到来之前，父母可以给孩子提供赚钱给家人或朋友购买礼物的机会，自己购买礼物送人将让孩子懂得金钱的价值，并体验慷慨的快乐。

尊重他人

父母要教孩子学会与生活中的重要人物相处，让他们清楚如何尊重权威人物，不要和学校里的老师唱反调。如果孩子因个人原因被留堂，则他们要服从老师的安排；如果教练因为孩子的粗野行为而让孩子退出比赛，则孩子需要接受这一结果。你应该让孩子在你的指导下处理好与其他家人的关系，教他们成为一个有团队精神的人，并让他们承担不良行为的后果。

让你的孩子学会谦虚。你应该教孩子学会如何与不同的人打交道、沟通，这样一来，当怪脾气的姨母对他的头发评头论足时，他也可以在没有你的帮助下以一种礼貌的方式回应；当爷爷第无数次讲起他小时候发生的糗事时，孩子也能对爷爷表示一定的尊重，礼貌地听完故事或巧妙而不失礼貌地转换话题。

做兼职非常有助于孩子提高自己的成熟水平，尤其是在他们偶尔碰到比较难缠的顾客或需要与苛刻的上司共事时，这将会帮他们积累不少的社会经验。父母最好让孩子凭借自己的努力得到一份工作，我已经记不清有多少父母告诉我他们已经为自己的孩子安排好了工作，这虽然没什么问题，但我更推荐让孩子自己找工作。

如果孩子很容易就得到某些东西，那么他们就不会重视它，也不会为此继续努力。

如果孩子太小，还不能做兼职，你可以试着让他们做一些志愿工作，很多学校都会给学生提供类似的志愿者岗位和参与慈善活动的机会。

个人动机

在孩子的学业生涯早期，身为父母的你应让孩子做决定，比如选文科还是理科，选修什么语言课程，父母可以给出建议，但要让孩子做最终决定。你可以询问他们为什么做某个决定，确保他们经过了深思熟虑。对于重大决定，比如选什么大学、选什么专业、找何种实习工作、第一份兼职或全职工作该怎么选等决定，你要确保他们清楚相关课程或工作的要求，知道所做选择的利弊。

性教育与亲密关系

适当的性教育可以确保孩子掌握足够多性方面的信息，也可以保护他们。大部分父母认为至少要等到孩子读小学高年级时，才适合对他们进行性教育，其实于什么时候对孩子进行性教育，取决于父母自身的价值观，父母应尽量用符合孩子年龄和心理发展水平的语言，诚实地回答他们的问题。如果他们没有问，父母要在小学早期，根据他们的年龄提供相应的性教育。父母早点进行性教育总好过让孩子从陌生人、不良榜样或色情网站等处了解相关知识。随着孩子年龄的增长，父母可以逐渐增加性教育的内容。

小一点的孩子可能会问一些有关身体，两性生理构造差异，

甚至与生小孩相关的问题。大一点的孩子需要知道有关如何应对生理需要，发生性关系意味着什么等问题。父母不要只摆事实，讲道理，可以与孩子分享一下自己对这些问题的看法，也要和孩子聊聊应如何尊重自己并尊重他人等重要的性教育话题。

**父母应确保自己和孩子之间的关系是开放的，
这样他们就可以放心地和你谈论性并寻求你的建议。**

如果你始终觉得孩子还小，什么都不懂，不允许他们独自做决定，他们是不可能和你谈论与性相关的话题的。

不要把性教育拖到等孩子到了一定年龄时才开展，很多父母迟迟不愿与孩子谈论性这个严肃的问题，或在谈论的时候蜻蜓点水般一带而过。研究表明，即使很多父母认为自己已经和孩子"讨论"过性的话题，孩子却不这么认为。因此在与孩子讨论这些话题的时候，要尽量确保你们的对话不带任何评判性和贬低意识。

作为父母，你应确保自己在这种谈话中保持冷静，对孩子所提的问题保持开放的态度，不要大惊小怪。如果他们对话题看法不多，你可以鼓励他们尽量多说。

在讨论性话题的时候，你可能比孩子还不自在，但是不要有压力，聊这种话题时不要太在乎自己的"表现"，你越放松，对他们而言效果越好。如果孩子提的问题超出了你的回答能力范畴，或者你无法说清楚问题，无法提供有用的信息，你也可以考虑向其他可靠的亲友寻求帮助，比如问问与孩子们关系很好的叔叔或阿姨，或者问一个很亲近的朋友。

不要只是告诉孩子一些基础的生理知识，在孩子处于童年晚期和青春期时，要让他们了解与怀孕和性疾病传播相关的知识。

父母自己应建立良好的亲密关系，应和伴侣彼此尊重，不要经常对另一半发脾气，不应在孩子面前出现控制伴侣等行为。孩子可能会把父母的关系模式作为他们自己未来亲密关系的模板，如果父母之间的关系存在问题，其最好寻求专业的帮助。

孩子应该了解良好的亲密关系是什么样子的，在好的亲密关系中，双方能彼此尊重，考虑对方的感受，但又不会一味牺牲自己，二人都将对关系感到满意，都能平衡家庭、友谊、工作、学习和娱乐，也能平衡共处和独处的时间。理论上来说，父母的关系是孩子建立关系的榜样，父母即使离异了，双方如果能够开心，对孩子而言，也比父母没有离婚但在一起并不愉快要更好。

如何面对有潜在危险的情境

如果你采用了我给出的策略，你会更放心地允许你的孩子独自参加聚会。然而，我知道很多父母还是感到犹豫和紧张，让我们再来看一些基本步骤，它们将使得你的孩子能逐渐参加更独立、更成熟的活动，并让你对此感到放心。父母使用以下策略的前提条件是已经采纳了我在上述章节所提的建议，并已用这些方式帮助孩子变得更成熟、独立、有责任感。

做好计划

第一，父母应想一想，在孩子逐渐成熟，开始扩展自己的社交圈时，他们可能想参加哪些活动。你可以把这些活动列一个清单，如他们会独自做的事情，和朋友一起看电影或参加音乐会，

深夜去朋友家玩，约会，做兼职，乘坐公共交通工具，步行上学，和朋友或独自骑单车去上学，在朋友家过夜，远足等。

第二，父母根据孩子完成这些活动所需的成熟水平和独立性等级，对活动进行排列。去同一街区的小商店买东西可以被放在第一位，因为它所需的成熟水平低。在没有大人的陪同下参加一个聚会，或者是在周末和朋友们出去玩可以被放在最后，因为它们需要孩子具备更高水平的成熟度。

第三，思考你觉得孩子可以参加这些活动的合适年龄，并在每个活动旁边写上对应的年龄。这样做可以确保孩子在进行这些活动时拥有与活动相匹配的成熟水平和独立性，也能帮助孩子变得更成熟、独立。

第四，如果可以，和孩子一起做这个计划。你可以和他们一起坐下来，告诉他们你期望他们更加自立，做事方式更像一个成年人。你可以把主要的活动写下来，按照双方都同意的顺序进行排列，这将帮助你知道孩子对什么活动有自信，而对什么活动感到能力不足。

一旦完成排序，你就可以按从易到难的顺序，让孩子独自面对这些事情了。

对于每一个活动，也许你还需要按照以下策略确保孩子已经做好应对挑战的准备。

一起讨论活动

安排一个时间，和孩子坐下来一起讨论他们将要参加的活动。一同开车去某地、一起散步或一起做园艺活动都是不错的时机，只要你们旁边没有人，并且亲子双方都感到自在，便是一个不错的时机。

和孩子讨论他们想要做的事以及你对他的期待，开诚布公地沟通，不要控制谈话或一个人喋喋不休。

帮助孩子制订计划

孩子需要清楚他们该怎么安排才能成功地完成这项活动。为了听音乐会，他们需要乘坐公共交通工具，搭乘电梯或者让你开车送他们过去。或许你可以让他们查一下交通工具时刻表，然后和你一起制订一个计划；你也可以给他们一些建议，比如建议他们搭乘早一点的班车，而不是刚刚到点的班车。通过这个方式，你可以帮他们提前做好准备。

当然，并不是所有事情都能按照计划完美进行。给他们一些关于错过班车、在音乐会和朋友走散或预约的司机迟到时的应对建议。想出一些突发事件，并让孩子思考他们在这种情境下可以怎么做，这可以帮助你了解孩子是否具备面对这个活动的成熟度及解决问题的能力。根据孩子的反应，你再决定是否需要对他们做进一步的指导，或增加一些更为初级的活动培养他们所需的技能。

陈述你对事情的期望和要求

告诉孩子你对事情的要求，比如你允许他们去购物中心或看电影的日期和时间；你对他们行为的期望，比如你希望他们回家的时间；以及关于事件的规则，比如你是否允许他们饮酒。也许你还想见见和他一起出去的朋友或约会对象，此时你可以给筹办聚会的孩子父母打个电话，确认一下。

当你设定并提出要求的时候，要注意说话的方式，不要用一种让孩子觉得他们的权利被剥夺了的方式颁布这些条款。最好试着让孩子也参与讨论，这样他们可以充分明白并同意这些

规则，也会让他们觉得你有把他们当作成熟的人对待，你相信他们能为讨论和决策做出贡献。

确保孩子明白遵守规则的好处，打个比方，如果他们在你指定的时间前回到家里，你将允许他们下次再去。

向孩子解释清楚没有遵守规则的后果也非常重要。这并不是一种威胁，而是让他们知道如果不遵守规则会有什么后果，使他们清楚自己会付出什么代价。更重要的是，明确了不守规则的后果，你就可以给孩子提供更灵活的选择空间，而不是因愤怒或担心过了头而把他们禁足至 25 岁。

制订一个应急计划

当然，你的孩子不是单独一个人面对这些事情，他们可能会感受到来自同伴的压力，或是被不成熟的同伴牵连而置于危险之中。你可以和孩子讨论当他们面临同伴的诱惑，被邀请参加一些愚蠢或危险活动时，可能会面临什么情况，还可以帮助他们制订相应计划。也可以设想其他可能出现状况的情境，比如他们预约的司机醉驾或危险驾驶，或者他们身处危险之地。你的工作就是用你的知识提出可能会发生的状况，并帮助他们制订应急计划。你也可以帮他们预演在这种情况下他们该怎么说或怎么做。

你也可以教孩子，在他们有时候遇到某些让他们感觉不舒服的事情时，他们该怎样表达自己的期望和感受。根据孩子的性别，你还需要教他们一些与他人亲密接触时的权利和责任。

我强烈建议各位父母，让你的孩子知道你非常在乎他们的安全，确保他们知道在遇到困难时应第一时间给你打电话，而不是坐以待毙。让孩子知道，不管他们处于什么处境，都不用担心你对他们的看法，也要让他们知道你希望他们在遇到困难时能第一时间联系你，确保孩子在面临困境时可以放心地与你交谈。

事后讨论

在事情结束后的当天，亲子应安排一个时间讨论这件事是怎么发生的。在讨论对规则的服从情况之前，你们可以先泛泛地谈论一下当时发生了什么，聊一聊他们在活动中享受的乐趣。如果孩子打破了某条规则，比如没有准时回家，不要轻信他们的借口。如果你被他们丰富的想象力和夸大事实的能力迷惑，你就无法了解他们晚归、身上有烟味或酒味的真正原因。回想你自己是如何在童年时期为自己的错误行为开脱的，如果你曾经也这样，你应该可以发现孩子说谎的蛛丝马迹。

记住孩子的行为后果并没有那么糟糕，他们只是无法参加下一次的活动。永远不要改变你们已经约定好的规则，这可以保证你的孩子明白，所有的权利都伴随着责任，糟糕的选择往往带有不良后果。

将他们的权利与责任挂钩

孩子可能尽一切所能，利用他们日益增长的权利，却没那么热衷于承担他们日益增加的责任。

在他们达到一定年龄时，你必须把他们的权利与应该承担的责任挂钩。制订一份你要求他们在来年（或 6 个月内）需要履行的责任计划。让他们知道当达到特定年龄时，如果履行这些责任，他们将获得更多的权利。所以，如果 14 岁的孩子在没

有你的提醒下完成了作业、准备好了自己的早餐或午餐，以及洗好了衣服，你可以允许他们在周六下午去购物中心玩。但是你在允许他们参加新的活动之前，可能要设置几周的"考察期"，看他们能否承担新的责任。

这是你和你的孩子之间的约定。如果你发现孩子开始无视责任，你可以介入并取消他们享有的相关权利。

这并不是粗暴、专制的养育方式，毕竟允许一个不成熟的孩子参加一项超出他目前的能力和知识水平的活动是非常危险的。当你的孩子表现出他们可以承担更多的责任时，才表示他们已经准备好变得更独立了。

> 记住，
> 为了走出家门，
> 孩子需要承担自己的责任。

当孩子长大了却继续与你同住

如果已经成年的孩子仍然住在家里，你应要求他们成为合格的合住者，保证大家可以愉快相处，让他们自立而不是成为你的负担。你也应允许他们为家庭做出贡献，而不要像小孩一样行事。

你继续在他们的生活里扮演父母的角色会有一些好处。你可以确保自己的绝对权威，拥有对整个家的掌控权，并让自己感到舒坦。但你也需要确保他们按照你的要求，保持家中整齐干净（对于这条我会多说一点），实际上这样可以促使他们在某个时间点离家自立门户。

让他们成为家里的一员

到了这个年龄，孩子应该和所有家庭成员共同承担家务，如做饭、洗衣服等，应该负责打扫客厅和厨房。如果孩子有朋友来家里聚会，他们要在事后清洗盘子和杯子。你最好让他们清洗自己的衣服，或偶尔为全家洗衣服。他们应该和你共同分担做饭、清洁等家务。无论你的孩子是男孩还是女孩，如果他们做事拖拉，你都要督促他们。

让他们支付房租

孩子需要支付房租，他们可以给你钱或做额外的家务来抵消部分房租或房贷。这将教会你的孩子理财，并且为自立门户做好准备，也不会让他们把你为他们所提供的生活视为理所当然。

即使他们正在上大学，也必须做一些兼职，这样才有能力支付自己的开销，至少是买衣服及娱乐之类的花销。做兼职一方面可以让孩子学会承担责任，另一方面也可以为孩子未来的求职之路做好铺垫。

让他们赚钱或学习

如果他们不上学，那么他们就要做全职工作，父母让孩子在高中毕业后和上大学之前的那个暑假去兼职是一个很好的主意。许多人无法应对长假里的空虚，常常感到痛苦，或是沉湎于可能给自己带来风险的娱乐和社交活动，一份工作或一段实习可以让他们在这段时间的生活仍处于正轨。如果他们不愿意工作，你也许可以减少对他们的经济支持，这样他们才会有工作的动力。

让他们对自己的学业负全责

作为父母，你不要提醒他们做作业或在考试周免除他们的家务活，不要帮他们做作业，不要帮他们给老师打电话沟通，也不要帮他们读书。

让他们遵守晚饭和门禁规则

无论谁做晚饭，如果是事前说好的家宴，孩子都需要遵从餐桌礼仪。如果他会晚点回来或不回来吃饭，他们需要提前给你电话。如果他们出去过夜不回家，也需要提前告知你。你应让孩子清楚：你不想整晚都担心他们。如果他们无法为你考虑，那么你要重新审视一下这种合住的生活是否可行。

你是一家之主

无论孩子正在家里做什么事，如喝酒（已到法定年龄），带朋友回来过夜，你都应该对这些行为感到舒坦。你可以根据自己的规则、道德准则和家里其他人是否感到舒服来制定要求，在制定这些要求的时候，你要考虑成年孩子的行为会不会对家里其他年幼的孩子造成不良影响。你需要和他们说你能接受什么，不能接受什么，这样他们就会清楚并按照你的要求行事。

我强烈建议父母不要让孩子经常带伴侣住在自己家，可以让他们自己租房。对父母（尤其是离了婚的父母）而言，和孩子及孩子的伴侣坐在同一张沙发上看电视是非常尴尬的，你不会希望孩子和他们的伴侣地位凌驾于你之上。"你们不能在家里过夜"是一个很不错的规则，当孩子达到可以建立亲密关系的年龄时，他们可以搬出去自己住。每一个人都要离开父母的家，这样才能进入人生的下一个阶段。

住在父母家只是父母给成年孩子的一个优待

我想说的最重要的一点是，成年孩子应该对父母允许他们同住表示感激，这是父母对他们的一种优待，而不是特权。如果你觉得孩子在家里不尊重自己或者孩子侵犯了你的个人空间，那么你就需要认真地思考是否允许已成年的孩子继续和自己同住了。

如果你对孩子说，自己不喜欢他们对待父母的态度，同时也必须告诉他们，如果他们不加以改善可能面临什么样的后果。这不是威胁，而是为了确保你自己的幸福、维持你们的亲子关系，也是你对自己及私人空间的尊重。这也说明你为了维护自己的权益，内心强大到可以说出将要采取的行动。

> 你和成年孩子一起住的生活质量取决于，
> 你在他们童年期和青春期的行为规范程度
> 以及他们对你的尊重程度。

真正慈爱的父母会教导自己的孩子成为一个善良而体贴的人，并在孩子童年期以及十几岁的时候就有所行动，以确保孩子成年后是便于相处的，这也有助于双方维持良好的亲子关系。

发展养育孩子之外的生活

我已经谈过孩子可能面临的风险以及他们要学会如何应对，也讨论了当他们成为成年人却仍和你住在一起时，你应该怎么办。现在我们是时候讨论一些作为父母不得不面对的，而且可能会让你感到害怕的问题：不要只为养育孩子而活。你要适当放

下为人父母的角色，发展养育孩子以外的生活，这非常重要。

我敢肯定有些父母在画孩子的独立、成熟水平图时会感到有点儿难过。因为对很多父母而言，使孩子更加独立、减少对父母的依赖让他们产生了一种失落感和孤独感。

后父母阶段[①]是所有父母都要经历的阶段。孩子离开家的确会对父母产生强烈的影响，你还是父母，但是已经不需要在养育上耗费精力。那些将自己的生活全部倾注在养育孩子身上的父母，当孩子不再需要他们的帮助时，他们会感到孤独、空虚和沮丧。

临床上，我注意到当父母把心思都放在关注孩子的生活上时，一旦他们发现自己不能像以往那样与孩子维持身体或心理上的亲密时，他们就会出现问题。他们将在生活中体验到强烈的空虚感。一些父母仍然担心在外的孩子，担心他们过往在养育过程中所犯的错误会影响孩子的生活，如果孩子打电话诉说他们在大学或工作上遇到问题，这类父母就会担心孩子的困难是由养育不当导致的。

当孩子没有做出父母认为很重要的人生抉择，比如自立门户、谈恋爱或结婚生子时，有些父母会认为这是自己的问题并感到内疚。这意味着，在孩子成年之后的很长一段时间里，父母的幸福仍然取决于孩子及孩子的选择。

在孩子成年之后，父母可以有很多方法减少苦恼，我们来看一些具体策略。

---

① 这个词比"空巢"更中性，空巢现在被认为带有性别歧视和年龄歧视色彩。——原书注

父母应重塑自己的独立性

孩子开始变得独立是在向父母传递一个明确的信号，父母可以开始发展父母以外的角色了，也可以培养自己的兴趣了。这也许意味着重新开始做全职工作，开始一项新的健身计划，学习一项新的技能，或者当孩子离家自立后去旅行。当然，在孩子离家前，父母也要保持自己的兴趣，比如阅读或从事园艺。

维持与其他人的人际关系

父母不应该为了养育孩子而完全牺牲自己的社交，他们要经营自己的友谊和亲密关系，坚持花时间经营夫妻关系，请保姆照顾小孩，这样自己就可以去约会，他们也可以给老朋友打电话或上门做客。身为父母，你不要简单地把人际关系局限在家长圈内，在孩子还小的时候很容易建立这种家长圈的关系，但这种关系比较依赖孩子的存在，一旦孩子们离家，你和其他家长的关系就有瓦解的风险。

不要只关注孩子的快乐

在咨询中，我接触了很多父母花钱送孩子去海外旅行的案例，但在孩子长大离家后，他们自己却没有出去旅行的钱。父母要确保自己在孩子生活、学习和兴趣方面的开销不要过大，以免孩子离家自立后，自己的生活质量受到影响。父母可以回顾我在第十二章所提的建议，并把它们付诸实践。

明白父母的独立对孩子而言是件好事

孩子在小的时候会期望你时刻陪在他们身边，随着他们逐渐长大，他们只想变得更加独立。父母在家庭之外的生活和兴趣爱好也有助于孩子独立。我在咨询中注意到很多家长都说，

当父母双方是全职工作且无法对孩子进行无微不至地照顾时，孩子反而变得独立自主，大多数孩子都喜欢这种独立，并且享受父母对他们的信任。

明白孩子的独立对父母而言也是件好事

当孩子离家自立时，父母可能很开心。丹尼尔·吉尔伯特（Daniel Gilbert）在《撞上幸福》（*Stumbling on Happiness*）一书中对此做了解释。他指出当最后一个孩子离家时，父母的婚姻满意度会上升。这并不意味着抚养孩子没有乐趣，而是一旦非常耗费精力和时间的育儿期结束，父母还是会有很多快乐的机会。

父母对孩子离家自立的忧虑程度显示的是他们对养育的付出程度，它能证明为人父母所做的奉献和对孩子的爱，但不一定能够预测一个人未来的快乐。

父母可以在任何想要用心做的事情上找到同样的乐趣，并且继续过愉快而充实的生活，如发展一些新爱好，结交新朋友，拜访老朋友，重新拾起被丢下的兴趣，追寻自己的梦想，恢复没有孩子时的生活，并在养育孩子多年之后，利用自己的天赋重新创造生活。

最后，我想用一个非常重要的事实结束本章的讨论。

孩子总是比你以为的更有能力，
你自己也是。

总结

不要放任孩子自己成长，父母可以通过逐渐提升孩子的独立性让他们学会承担责任，变得成熟。父母应放手退后一步，并让孩子自己站起来。

- 制订一个帮助孩子自立的计划。
- 评估他们目前的成熟水平，并确认他们需要发展什么技能，这样他们也能变得更独立，更有责任感。
- 父母在进行评估时，需要考虑的重要因素包括孩子的生活技能、自信心、统筹能力、自给自足能力、对他人尊重的程度以及个人动机。
- 父母应刻意减少自己的投入程度，使孩子学会自理。
- 鼓励孩子尊重权威并举止得体。
- 确保孩子了解亲密关系和酒精方面的信息；与孩子保持良好的沟通，并定期根据他们的成熟水平、理解水平，与他们讨论这些话题。
- 父母可以通过做计划，评估意外事件的风险，确认制订规则以及遵守规则的好处，帮助孩子应对一些有风险的情境。
- 让对话成为父母和孩子之间的有效沟通方式。
- 要不懈地让孩子的权利与责任挂钩。
- 你与同住的成年孩子要懂得互相尊重、互相体谅，如果孩子在你的家里行为不当，那么让他们从家里搬出去。
- 当父母集中精力帮孩子培养独立性时，不要忽视发展自己的独立性及养育之外的生活。
- 父母要有信心可以在孩子离家自立之后仍保持幸福，在孩子长大离家后，父母可以开始改善自己的生活并培养兴趣。

第十四章
常见问题

我曾在不同类型的学校、日托中心为父母讲授育儿课程，他们的孩子处于不同的年龄段。在课程最后，我通常会邀请父母提问，本章我总结了一些父母经常提问的问题以及我对这些问题的回答。

我的两个孩子不能好好相处，对于手足之争我该怎么做

你能把其中一个送走吗？我只是开个玩笑——也许把两个都送走更好，这样你就清净多了。

手足之争是孩子为了得到好处而采用的一种伎俩。有时他们互相针对只是为了摆脱无聊，这时父母可以提供一些帮助他们分散注意力的活动，有时他们这样做则只是为了报复经常让他们恼火的同胞。

孩子的这种行为毫不意外地会引起父母的注意，这是他们甘愿冒险的原因，虽然父母可能会对他们大吼大叫，但对他们来说，引起消极的注意也好过被完全忽视。还有一种可能，他们会对父母说"是对方先动手的"，这样他们既可以把兄弟姐妹

置于困境，又可以假装受害者，获得一些额外的好处。

他们往往会得逞，如果你有两个孩子，每个人都有机会让你相信他是受害者。有一些孩子在打小报告时会使用一些小伎俩，使得父母更容易觉得另一个孩子是捣乱者，如果这种模式重复多次，那么孩子就可能习惯使用这一伎俩。

解决手足之争的最好方法是做到以下两点。

第一，时不时奖励孩子们的合作行为。比如称赞他们、和他们击掌或与他们一起玩耍。当你关注他们合适的行为时，他们就不再觉得自己需要通过不良行为吸引你的注意。

第二，即使只有一个孩子向你告状，比如对方关掉了电视或拿走玩具这种事，父母也要做到一碗水端平，不要偏袒一方。如果他们向你报告说兄弟姐妹打了他，但是身上没有任何明显的痕迹，父母可以说："这还用和我说吗？你自己应该知道是怎么回事。"

父母应当在孩子们好好相处时，大声表扬他们；对不良的行为要保持镇定并给出可预测的、有震慑力的惩罚。我建议父母抛弃一切先入为主的偏见，比如认定某个孩子受到了不公平的对待，另一个是肇事者等，很多聪明的孩子善于假装自己是好孩子，他们会用大大的、无辜的眼睛掩饰淘气的真面目，父母对谁是受害者、谁是肇事者的裁决不一定是准确的。

**不要怂恿孩子操控自己的情感，
父母应该对所有孩子都抱有坚定且公正的态度。**

我的孩子总是玩游戏和社交软件，我能做什么

为什么孩子喜欢玩电子产品？原因很简单，它们提供了即

时满足。如果你玩过消消乐或吃豆人，你便能理解打游戏的乐趣，游戏令大人、小孩都上瘾。有研究表明，如果孩子的房间里有电视或电脑，他们的数学成绩会变差。专家认为，如果儿童，尤其男孩的脑子里总想着玩电脑或看电视，他们将很难集中精力做作业。所以，在游戏和作业之间，孩子会选择前者。

社交媒体也令人上瘾，我们可以通过在社交媒体上更新、分享自己的一些信息，了解自己受欢迎的程度。所以，我们会不断刷新，看看是否有新的评论或点赞，我们很容易沉迷于点赞量或关注人数等数据，尤其是在我们自己有社交焦虑时。

父母要控制孩子使用电子产品的时间，比如周末每天不能超过 2 小时，平时每天不超过 1 小时。年纪小的孩子玩电子设备的时间应更短。父母应确保孩子在晚上上床睡觉前把笔记本电脑、平板电脑和手机都归还自己，这样他们就不会熬夜玩电子产品。

父母还可以明确规定什么地方不能玩电子产品，比如在吃饭时。不要让孩子同时接触两类电子产品，比如既看电视又上网，父母自己也要遵守这些规定。

父母还可以让孩子通过做家务获得玩电子产品的时间，如果父母担心孩子沉迷电子产品，忽略真实的社交，可以让他们参加社交活动以换取上网时间，比如他们每周必须参加一定的团体运动或锻炼才可以玩电脑。

为了保证孩子能够安全上网，家中所有的电脑屏幕都需要在父母的视线范围内。如果孩子比较小，他们需要在父母的视线范围内写作业；等他们再大一点，可以在自己的房间里写作业，但是门要开着，父母也要定期了解孩子浏览了哪些类型的网站。

一些父母为了防止孩子沉迷电子产品，会给孩子的手机和电脑设置密码。我认为，父母应该在孩子到开始使用电子产品的年龄之前，帮助孩子发展良好的自我调节能力。孩子需要一定程度的个人隐私，我不建议父母窥探孩子的隐私。随着孩子年龄的增长，父母可以给予他们更多维护个人隐私的权限，比如读高中的孩子在睡觉前，可以先把手机设上密码，再拿给父母。

我们离不开电子产品，但不要让它掌控全家人，父母要对电子产品有一定的控制权。

你可以多谈一点关于分居和离婚的问题吗

一些人对分居和离婚感到恐慌，聊起这个话题他们也不大舒服。离婚对孩子和父母来说，显然都是一件难以接受的事，但不至于毁掉孩子的生活，也不是一个无法克服的事情。孩子当然会感到难过，毕竟家庭产生了变故，并且他们不会再像往常那样可以经常看见自己的父亲或母亲。然而研究表明，尽管离婚让孩子感到难过，但是如果他们生活的其他因素，如家里的经济水平，没有因为离婚而受到不利影响，那么离婚对孩子的影响就会随着时间的推移而消失。

相比经常目睹父母发生不愉快甚至肢体冲突，父母的分居或离婚对孩子来说可能更好。

父母不开心以及暴力相向，对孩子造成的负面影响远大于父母离婚造成的影响。

如果父母已经尽力了，仍然很难维持良好的夫妻关系，最好接受这一结局。如果分居能使父母双方都过得开心，对孩子和父母都有利。父母接受分居这一事实可以降低内心的愧疚感，

也能缓解他们对为人父母的不自信，这样他们就不会对孩子未来不好的婚姻状态而耿耿于怀。

父母在向自己的孩子解释分居原因时，最好双方都在场，尽量保持冷静，你们无须详细说明原因，只需要简单解释一遍，并明确地告诉孩子这是大人之间的问题，根据孩子的年龄、理解能力和应对能力回答他们的问题。如果只有你一个人对孩子说明情况，不管发生了什么事，你都要表现出对伴侣的尊重。记住，你的孩子有一对父母，剥夺他们对任何一方的感情都是残忍的，你需要让孩子确信不是他们导致的父母分居，父母仍是爱他们的。你一定要这么做，因为孩子很容易把问题与自己建立联系，他们可能会觉得"我的父母离婚是因为我从来都没有把我的房间收拾整齐"。你可以告诉孩子他们的生活将会发生什么变化，这样他们可以安心一些。如果你需要向他们解释一些尚未被解决好的细节，那么你要表现得更轻松一些。

如果父母共同监护孩子，双方最好不要互相针对，不要通过孩子打探对方的生活，避免让孩子成为你们的中间人。有的孩子会利用信息差操控父母，另一些孩子则非常反感做这种事。

当孩子和分居的另一方在一起的时候，你不要频繁地联系孩子，这可能会让孩子感到痛苦，可以顺着孩子的意愿调整联系的频率。如果你很难控制联系孩子的冲动，建议你求助心理咨询师。父母要记住，如果孩子已和你分离并且能很好地适应新环境，在与你分开后也没有特别想念你，这说明他们的心理弹性很好。虽然和孩子分离让父母难过，但是总是让孩子想着自己是一种很自私的做法，这是为了满足自己，而没有考虑孩子的幸福的做法。

很多父母想趁着孩子不在身边，把所有家务做完，这样等孩子回来时，他们就可以用所有的时间陪伴孩子，不要这么做，这可能会让孩子习惯自己成为父母关注的中心。当你忙着洗衣服时，可以让孩子学会自娱自乐，或者邀请孩子和你一起做家务。如果父母想让亲子时光是一直快乐的，将为自己带来很大的压力。

最后，父母即使分居或离婚，还是要让孩子学会自己做家务，遵守日常生活安排，不要随便修改家里的规则。如果孩子在父母分居后出现异常行为，往往由父母对分居感到愧疚，通过放宽或取消对孩子的约束补偿孩子所致，这会阻碍孩子的心理弹性和自我调节能力的发展。父母即使分居，也要将家庭生活安排维持原样，这样孩子才能顺利适应新环境。

每天晚上让孩子上床睡觉都很费劲，我们能做什么

这是那些没有在孩子面前树立权威的父母经常抱怨的问题。睡眠很重要，正确处理这一问题也很重要。虽然本书有几章都涉及这一话题，在这里我还要单独讲一下。

要让孩子保持规律的睡觉时间，按时完成睡觉前的准备工作。比如，晚上 6：00 吃晚饭，6：30 洗澡，刷牙，上厕所，读睡前故事，然后关灯睡觉。父母也可以把说晚安作为一个就寝仪式，这样孩子就知道接下来该做什么事了，他们可以给孩子一个大大的拥抱或者说"我爱你"。在说完晚安后把门关上，父母要尽量避免在孩子睡觉时待在他们的房间里，这会让孩子习惯由父母陪着睡，如果他们醒来时发现父母不在，还会大吵大闹。父母必须让孩子习惯自己一个人睡觉，并且培养他们醒过来后能重新入睡的自信。

如果你的孩子爬起来找你，你只需要直接把他们抱回床上，冷静地对他们说："你现在必须睡觉。"你要避免发脾气。可以按

照我之前建议的"暂停冷静法"程序来做：如果他们不听，你只须不断地把他们抱回去，这样他们就知道你是来真的。但是不要通过提高你的声音或改变你的反应给孩子任何负面的关注并让他们兴奋。如果他们爬上你的床，你也要这么做，把他们抱起来放回他们的床上，这会让他们明白你不允许他们睡在你的床上。我知道你很累并且想继续睡，但是如果你不这么做，那么你的睡眠质量将降低，并且未来他们可能继续这么做。

如果孩子能够自己一个人睡一整夜，父母可以给他们奖励。如果他们整晚都没有从卧室里跑出来过，在他们起床后，父母可以奖励他们一个贴纸，或是把奖品偷偷放在他们的枕头、房间里，或者实现行为奖励表上的一个奖励，比如看场电影、买个玩具或第二天去玩好玩的。随着孩子的表现越来越好，父母可以逐渐提高获得奖励的行为的难度，比如，孩子只有两个晚上都待在自己的床上才能得到贴纸。当孩子可以做到这些的时候，父母可以取消这些奖励。

如果上面的建议没有效果，父母需要寻求专业人士的帮助。

面对欺凌行为，我该做什么？

首先，我们要搞清楚什么是欺凌。根据研究欺凌的专家玛丽莲·坎佩尔（Marilyn Campbell）教授的说法，现在欺凌这个词在某种程度上已经偏离其本来的意思。她认为真正的欺凌行为必须具备三个基本特征：欺凌必须是故意伤害而不是无心之过；欺凌行为必须反复发生，而不是偶发的；欺凌者与被欺凌者之间存在权力失衡。

我当然不会认为那些被欺凌的孩子是咎由自取，他们不是。不过，孩子所经历的不一定就是欺凌，有可能只是正常的人际关系摩擦，如果是这样，我鼓励父母运用第十章和第十一章讲的策略，帮助孩子培养社交技能，提升心理弹性。这样孩子才能适应在操场玩耍时偶然发生的推搡等冲突，也将为将来面对友谊里可能发生的摩擦做好心理准备。

如果你的孩子正在经历欺凌，你首先要教他们如何应对，包括教他们与其他孩子打交道的策略，如果他们仍然被欺凌，鼓励他们向老师报告，这使他们能够在这种情况下变得主动。

如果这还不行，家长可以介入并向学校反映。不过不要用欺凌的方式处理，我听过不少家长直接跑到学校，要求校长助理把正在开会的校长叫出来，威胁校长"如果学校不……我们就会……"，或者无视老师已经答应处理此事的事实，继续威胁老师。父母要记住，你的行为是孩子学习的榜样，而欺负他们的老师并不是一个好的榜样。

我的孩子不好好吃饭，他们非常挑食，晚餐我要准备三个菜，我该怎么做

这是家境不错的家庭存在的典型问题，在这种家庭里，家长通常会纵容孩子只吃自己喜欢的东西。在经济条件不好的家庭里，更常见的问题是孩子为了吃饱争抢食物，而不会挑食。我不是说贫穷是解决这个问题的方法，我只是认为，富足的家庭更有可能出现这个问题。

根据我的经验，如果父母对孩子的挑食问题过分担心，问题将变得更严重。情况可能会演变成孩子与父母针对某种蔬菜或食物对峙，父母怕孩子挨饿，把孩子喜欢吃的东西给他们，使孩子变得更挑食。

一个好的做法是让孩子有机会尝试并适应新的食物，但不

要强迫孩子，越是强迫，孩子就越容易产生抵触情绪。也不要用剥夺甜点的方式来逼迫孩子吃青菜，这样不是在教孩子选择健康的食物，而是教他们怎么做可以得到甜点，以后如果没有甜点，他们可能不会主动吃青菜。这就好比游泳选手获得100万元奖金是因为后面有鲨鱼在追赶他，但这并不意味着他下次会在没有任何奖励的情况下还愿意与鲨鱼一起游泳。

一般情况下，孩子只是试图通过挑食操控家里的吃饭时间，父母不要大惊小怪，也不要强化他们，可以让孩子参与做饭的过程，这样他们会对饭菜感到兴奋。父母可以试着不要太在乎孩子吃了什么，只给他们准备健康的食物，并且只允许在饭点吃饭，他们可以选择吃或不吃。他们饿了自然想吃饭，偶尔一顿饭不吃也不会饿着他们。如果他们真的无法忍受某一种食物，可以选择不吃，这样他们就不会那么挑食了。

我的孩子总是惶恐不安，我能做什么

恐惧是一种非常重要的情绪，它提醒我们有危险存在。有些恐惧具有普遍性，比如年幼的孩子会恐惧黑暗或与父母分离，大一点的孩子则恐惧同伴或他人的负面评价。

当恐惧开始影响人们的生活时，可被称为焦虑。这是孩子最普遍的心理健康问题。

焦虑的人无法忍受不确定性，无法明确将要发生的事情并制订相应的计划，因此他们会试着做某些特定的事来让自己安心。他们可能通过一些刻板的行为，如随身带着自己的"小毯子"来获得对环境的控制感，或者拒绝听从别人的计划，这样他们才觉得一切事情尽在掌控之中。他们同时也会担忧未发生的事情，无论是好的还是坏的，他们要么提前担忧坏的结果，

要么纠结于好的结果没有发生。

父母出于好心的养育行为，可能在无意中助长孩子的焦虑情绪。

养育一个易焦虑的孩子确实比较困难，其中一个主要因素是，父母通常做了自认为对孩子有帮助的行为，却在无形中强化了孩子的焦虑情绪。父母的过度帮助不仅无法缓解孩子的焦虑，反而让他们更焦虑。因为这种行为向孩子暗示，离开父母的帮助，他将无法独立完成任何事情。

养育敏感、易焦虑恐惧的孩子时，父母要避免发出让孩子担忧的信号。如果父母对将要发生的事情喋喋不休，或总是向孩子保证一切都没问题，反而让孩子更担忧。要解决孩子的焦虑，父母先要解决自己的焦虑，也不要把自己的焦虑强加在孩子身上。比如对害怕上学的孩子说："我以前也很害怕上学，觉得上学很可怕，所以我能理解你。"这种话会让他们变得更焦虑。父母不要过度保护孩子或过度关注他们的恐惧，也不要让孩子逃避焦虑。

挑战不理智的认知是应对焦虑的有效方法之一，让孩子不要过度关注那些不理智的想法，并让他们逐渐暴露在焦虑情境中。这样他们就会知道，事情其实没有那么吓人，并且不管结果是好是坏，他们都能从容应对。如果你的孩子很焦虑，可以试试上面的方法。如果仍然没有效果，我建议你阅读专门解决孩子焦虑的相关图书，这里我推荐罗纳德·拉比（Ronald Rapee）写的一本书——《帮助焦虑的孩子》（*Helping your Anxious Child*），这本书会手把手教你怎么做。

我的孩子总是过度寻求关注，对此我能做什么

盆景小孩都会过度寻求父母的关注。无论在公交车上还是餐厅里，我们都会看到这种孩子，他们想引起他人的注意。让孩子多得到一些关注不是坏事，但如果他们总想成为人群的焦点，父母就要注意了。

很多家长误以为高自尊来自孩子觉得自己很独特，所以他们会给孩子过度的关注，导致孩子依赖他人的反馈，使得孩子在得到别人的关注时才会自我感觉良好，如果缺乏他人的持续关注和表扬，孩子将无法生存。可想而知，如果孩子无法适应没有关注的情境，他们以后是无法独立工作的。

还有，当一个人习惯成为大家关注的中心时，他会觉得自己可以控制一切，不需要听别人的话。我发现父母经常在抱怨孩子需要关注的同时，也抱怨孩子不听话。

过度关注孩子会让他们上瘾。

父母必须有意识地让孩子不要成为聊天的唯一话题。不用热情回应他们所说和所做的所有事情，也不要总是时刻关注孩子，有时可以让他们在你视线之外的地方独自玩耍。父母还要把注意力放在其他家庭成员身上，尤其是家中的成年人身上。在你打电话的时候，孩子也可以自己一个人玩。你可以重新阅读第十章，这样你就可以帮助你的孩子融入群体，而不是只依赖于你的持续关注。

我已经竭尽所能，但孩子总是提出新要求，我该怎么做他们才能懂得感恩

很简单，别再给他们那么多了。

我们的行为会影响别人对我们的期待。如果我们总是满足别人的每一个期望，他们会把这视为理所当然。迟早有一天，你将无法满足他们或者这种满足将超出你的能力范围，此时他们反而会因为没有得到满足而生你的气，这也是很正常的。

如果你因为孩子不懂得感恩而生气，说明你可能为孩子做了太多的事情，你期望他们会回报你的付出。我在咨询中遇到过很多家长，他们会对孩子说，孩子应该感激父母送他们去上这样好的学校，或者感激父母为他们所做的一切。这意味着父母溺爱孩子只是为了得到孩子的感激和爱，这种做法对孩子和父母都不好。

对于这种问题，父母可以通过减少给孩子买东西的方式降低他们的特权感和期待值。用劳动报酬替代直接的零花钱，这样孩子就知道要通过赚钱买自己想要的东西，而不是每次想要就能得到。最后，当他们仍在抱怨缺少什么的时候，父母不要回应，或者以中立的、不会让你于事后感到愧疚的方式回应。

我该怎么应对孩子的坏脾气？

当孩子受挫时，他们会耍性子、发脾气。当父母的安排与孩子的期望不一致时，比如父母想要离开公园但孩子不肯走时，情况尤其如此。

**人们只会用对自己有利的方式行事，
很多时候，耍性子对孩子而言是有效的。**

父母常常因为孩子伤心而感到不安，所以他们会屈服于孩子的欲望，对孩子道歉并给予孩子其他方面的好处作为补偿。

有时候父母会非常生孩子的气，这反倒给予孩子太多负面的关注，使得孩子进一步通过非常夸张的方式宣泄情绪。

如果一个孩子经常发脾气、要小性子，说明他无法顺利地进行自我调节。他们还会以为只要想要的都能得到，这显然是不可能的。

应对孩子发脾气的最好方法就是，不要关注或强化这种行为。父母不要提高嗓门，也不要过多解释自己的解决方法，不用安抚他们，直接无视他们的脾气和各种不满表达。如果他们开始伤害自己、他人或东西，父母可以介入并使用第十二章介绍过的惩戒方法。

父母还要搞清楚孩子发脾气的模式，包括何时何地因什么而发飙，也可以反思自己的行为会不会无意间助长孩子耍性子的频率。比如，你可能会说："好了，我们在这里多待5分钟再回家，好吗？"在父母的心里，这句话是提醒孩子你们准备离开回家，但在孩子那边，他可能会认为你是在征求他的意见，尤其是最后那句"好吗"。5分钟之后他们也许不会走，因为他们不认可这个决定。

我希望父母在运用此书所讲的策略后，孩子发脾气的次数会越来越少。如果还是老样子，你需要求助专业的心理咨询师。

说到专业的帮助，我们将在下一章展开详细讨论。

第十五章
何时需要获取专业帮助

有时候父母即使做了所有该做的事，对于一些困难，他们还是需要专业人士的帮助，下面是一些给家长的关于何时需要获取专业帮助的建议。

我写本书的目的是想提醒父母，有些出于爱的养育方式可能导致孩子出现问题，本书也将提供一些方法帮助父母管理孩子的行为问题。

如果你的孩子出现这些问题，你可以先试试本书建议的解决方法，从头到尾阅读本书，然后列一个自己觉得有用的方法清单；尝试运用这些方法，在实施过程中，每隔 1～2 周，你可以重新阅读本书相关章节，及时检查自己是否正确使用这些方法，有没有遗漏什么关键点，是否重蹈覆辙。

如果你实施了这些方法 2～3 周，问题还是没有得到改善，或者你觉得这些方法很难实施，我建议你寻求专业帮助，而且立刻行动起来。

作为一名帮助别人改善生活的临床心理学家，看到来访者求助的问题经年累月变得难以解决，我会很难过。有些问题一

且拖得太久，解决起来就非常困难。

寻求专业帮助的信号

如果以下情境出现在你或你的孩子身上，专业的支持能帮助你们。

发现孩子存在行为或情绪问题

生活在当下，我们越来越了解孩子可能出现的心理问题。这得益于更高的教育水平和更具关怀的养育方式，当今儿童的心理问题呈下降趋势。借助更丰富的心理学知识，家长觉得自己可以诊断并治疗孩子出现的问题，他们通常通过增加对孩子的帮助让孩子感觉变好。这确实能让孩子的生活变得更轻松，但并不是正确的治疗方法，而且父母的加入可能使问题变得更严重。

识别孩子的问题是无法治疗问题的，父母还需要教孩子用建设性的方法来应对情绪问题和困境。比如焦虑问题是无法通过逃离焦虑困境解决的，但父母可以在认知或行为层面，教孩子如何面对引发焦虑的情境，以及如何应对困境来解决。不过这种事情很难处理，父母需要在有资质的专业人士的帮助下完成。

如果父母发现孩子出现焦虑或抑郁等情绪问题，应尽早向专业机构或人士寻求帮助。即使是最坚强的孩子，青春期的身体和生活变化也会让他们感到困难，如果家长怀疑孩子存在焦虑、抑郁或其他心理问题，导致他们无法适应学校生活，也要尽早让他们得到帮助，争取早发现、早解决。

孩子总是依赖父母解决问题

一些家长习惯精心安排盆景小孩的校园生活及社交生活。正如我常在本书指出的一样，参与孩子的生活是一件好事，但是你要注意，自己是否过度参与了孩子的生活。

你可以问问自己："我的孩子熬过学习和生活最困难的时期，是我的功劳吗？孩子在学习或人际交往上的成功，是我在推动他们还是他们自己的动力？我是否已经和孩子就他们的学习、社交或某些行为方面的困难沟通过很多次了，然而过了一段时间他们还是老样子？"

如果你在读完本书且应用了书里的方法后，对上面这些问题的回答还是肯定的，那么你最好咨询专业人士，让他们来帮助你的孩子提升自信心和能力，或者让他们教你一些更好的方法来管理孩子的行为或训练孩子。专业人士还可以帮助你评估孩子的优劣势，并帮助你和孩子确认，孩子哪些方面需要做出改变，哪些选择接受即可。

孩子不做你想让他做的事

你很容易就能让孩子听你的话吗？你每天都有信心让孩子遵循你的意愿而不是他们掌控你吗？你的孩子对你有礼貌吗？如果他们对你不礼貌，你有办法惩戒他们的行为并确认他们会改变态度吗？（对孩子们大喊大叫或对他们生气都不是有意义的后果惩戒。）

如果你在读完本书后，对这些问题仍心存疑惑，我建议你咨询一些专业人士或机构。这些问题都是可以改善的，越早处理越好。儿童期的叛逆要比青春期的叛逆更容易处理，青春期的叛逆也要比成年期的叛逆更容易处理。

你对自己的养育方式缺乏自信

父母经常会担心孩子的自信心问题，却忽视了养育孩子对自身自信心的影响。为人父母很不容易，如果你对自己的养育方式缺乏自信，事情将难上加难。如果你经常怀疑自己教育孩子的能力，你可以向育儿专家进行一对一的咨询，这种针对性的育儿咨询可以让你对自己的养育方式恢复信心。

专家一对一的育儿咨询可以给你提供精准的指导，如果专家肯定你的养育方法，你会对自己更自信，如果你觉得这种支持对你有帮助，就去找这种支持吧。

如何找到好的治疗支持

如何寻找一位专业人士

你可以通过家庭医生寻找专业的心理咨询师[①]，他们对这方面比较了解。你也可以到心理协会网站上的"咨询师"专栏找一下，通过这种方式，你可以找到一些附近有经验的专业人士。

如何判断一个心理咨询师是否有资质

现在有一种令人担忧的现象，有一些人只是养育过孩子，读过几本家庭教育的书，或者出于助人的心理，就宣称自己是育儿专家。他们并不具备任何专业的资质和经验。网上的很多养育建议可能就是出自这类专家之口。

成为一名专业的注册心理咨询师需要 6 ~ 8 年的时间。心

---

① 这条建议在国内目前不适用。——译者注

理学家，尤其是临床心理学家，需要接受精神健康方面的系统培训，并在心理问题治疗方面接受良好的培训。在成为专业的心理治疗师之前，他们要学习很多的专业知识，还要定期更新知识体系，接受最新的研究方法及治疗方法培训，这样才能获得专业学会的会员资质。

不具备专业资质的咨询师如果随意开展咨询可能会对来访者造成伤害。如何判断一个咨询师是否具有专业资质？我们可以从以下几个方面入手：是否有正规的学历证书，是否是某个专业学会的会员，是否具有治疗某类问题的相关经验；保险公司是否会支付他们的治疗费用。一般来讲，保险公司会对治疗师的资质进行严格审核，他们一般不会将费用支付给没有资质的心理治疗师。

如何确定治疗是否有效

心理治疗师所使用的治疗方法必须经过实证研究并被证实的确有效，专业的临床心理学家不会只做一些看起来很有效果的治疗。我也很震惊，很多人认为治疗只要是出于好意就等同于专业的治疗。很多非专业医生会操控来访者的情绪，肆意暴露来访者的信息，对来访者胡说八道或讲一些伪心理学的内容，尽管他们认为自己是在帮助来访者，这些所谓的治疗可能会对来访者造成潜在的伤害。

为了识别心理治疗师是否专业，你可以多问他们一些问题，比如为什么选择某一特定的治疗方法，治疗需要多长时间才能见到效果。专业的心理治疗师会给你和孩子提供一些有效的方法，也会告诉你们治疗需要多长时间。他们能引用一些发表在专业杂志上的实证研究来支持自己所选择的治疗方法，你不能只关注他们的证书，证书有可能也是行骗的工具之一。

　　有效的治疗会教你有效应对问题的方法，一名优秀的心理治疗师可以帮助你有效应对自己的问题。"谈话疗法"，一些心理学家也将其称为"支持性咨询"只会让你感到暂时的轻松，没有研究可以证明其有效性。在某些情况下，这种方法只会让来访者沉湎于问题而不会解决问题。

　　如果心理治疗师每周只是机械地重复你的问题，并只会回应"那很糟糕"或"我能理解你"，这也不是治疗。当来访者叙述经历后，心理咨询师肯定这个经历很艰难，会让来访者感到更糟糕。这种咨询不会带来长久的改变，除非心理咨询师有办法教来访者如何接受无法改变的现状，或者使用某些治疗方法改变现在的困境，从而帮助来访者克服困难。

　　在进行心理咨询的几周或几个月内，你能看到自己或孩子的问题有所改善。我担忧的是不少人的心理咨询可以持续好几年。除非你过去经历某种严重的心理创伤，否则心理治疗不应该超过几个月，我的大多数咨询都为 4 ~ 10 次。大多数找我咨询养育问题的家长，在几次咨询后就可以解决他们面临的问题，除非家长本人还有其他的心理问题需要解决。

> 专业的心理咨询师会教你一些有效的策略、
> 方法帮助你应对生活中的问题，
> 他们也会帮助你接受那些你无法控制的事情。

　　如果你在寻找心理治疗师的过程中，遇到有的人宣传他们的治疗方法包治百病或者一次见效，他们是在忽悠你，他们只是想骗取你的信任及钱财。

谁应该参与治疗

根据我以往的经验，受相关问题困扰和想解决问题的人都应该参与治疗。所以，如果孩子有行为问题并且这一问题让父母感到困扰，那么父母应该寻求帮助，学习管理孩子行为的方法。事实上，除非孩子本人想改变或愿意参与治疗，我才建议让孩子参与咨询；如果孩子没有这方面的意愿，直接把他们拉进咨询毫无益处。

为什么要这样？

第一，父母比孩子更容易受到孩子的问题的影响，当然，孩子也会因为父母生气和被父母惩罚而变得沮丧，但是父母比孩子更容易出现失眠问题，尤其是在他们已经不断让步、调整自己的期望值去适应孩子之后。

第二，我更倾向教家长如何和孩子一起工作，我一个星期最多只跟孩子待一小时，而父母每天都和孩子在一起。如果我教会父母更好的方法去管理孩子的行为或处理孩子的抑郁、焦虑问题，那么将会带来更为持久的改变。父母爱孩子，也想做一些对孩子有用的改变，不管治疗中建议的方法实施起来有多难，他们都更愿意去试。父母的认知水平也让他们能够更好地理解治疗方法，更好地训练孩子。和成年人进行咨询所需要的时间通常仅为儿童或青少年的一半，而且效果更好。

第三，儿童或青少年通常难以记住并执行治疗中的方法，特别是在他们很冲动的时候，而家长更能保持冷静。

父母一定要参与治疗吗

治疗有时也会让父母感到无力。当孩子出现问题，进行心理治疗时，父母可能会变得谨慎、不自信，他们对待孩子会如

履薄冰，也不大可能坚持对孩子有用的日常家庭生活安排。

所以，即使是儿童或青少年接受心理咨询，我仍然建议他们的父母可以以某种方式参与进来。我现在基本上不会单独对孩子或青少年进行治疗，最理想的情况是父母双方都参与治疗。如果孩子受到来自父母的心理或生理上的虐待，或者父母毫无爱心和责任感，则不建议父母参与。

> 毫无疑问，修复亲子关系会比治疗本身更有效，
> 家庭成员都要参与治疗。

最理想的情况是，心理治疗师会把与孩子讨论的问题解决办法告诉家长，并教家长学会更好的沟通方式，或指导家长学习一些方法来保证孩子的问题不会影响家庭。如果我正在教孩子改变行为，我会告诉家长他们需要做什么来支持孩子，还有他们做什么对孩子的行为改变会产生负面作用，毕竟积习难改。

家长要与孩子的心理咨询师保持联系，确保自己在孩子学习如何克服困难的时候，可以给予孩子支持和帮助。

心理咨询需要持续多久

就我的个人经验，如果孩子在经过 3 ~ 4 次治疗之后没有任何明显的改变，那么家长就需要考虑是否继续治疗。这不是说心理咨询师能力不够，而是孩子缺乏改变行为的技能或改变的动机不强。家长要和心理咨询师讨论这个问题，这将有助于心理咨询师更好地了解问题，有助于咨询进程的推进。

如果父母在接受养育咨询后问题没有改变，也要和咨询师沟通，有可能是没有正确使用养育策略或者其他问题所导致的。不管是哪种情况，治疗都应看到效果，如果问题没有发生改变，

父母可以和咨询师开诚布公地谈一谈。

接受家庭养育建议或者寻找专业人士并不是一件令人羞耻的事情。不知道为什么，现在社会送狗狗去宠物学校学习比学习为人父母更容易被大家接受。我欣赏兽医和驯狗员，他们的工作有一定难度，但是我认为，养孩子相对更难，为什么不寻求更多的养育建议呢？为什么父母要为寻找专业的养育建议而感到羞愧呢？

经过系统训练并拥有专业知识的专业人员是可以帮助父母的。心理学的研究为我们提供了大量基于循证的干预方案和治疗方法，这些项目和治疗方法可以帮助亲子免受各类心理问题困扰。如果你或你所爱之人需要这种支持，请尽快行动起来吧。

第十六章
一种有效的养育方式

家长们，让我们一起来见证一种有效的养育方式。

我在参加教师培训过程中，学习了很多让课堂变得生动有趣的教学方法，比如如何吸引不同学习风格的学生，如何激励学生并让他们爱上学习。其中最有效的一个教学方法叫门把手课程（doorknob lesson）。这门课的老师让我们想象以下情境：我们正忙着批改作业，或正在准备学校的音乐剧、运动会，或正准备与朋友一起玩到深夜。5分钟后就要上课了，我们却还没有备好课。这个老师教给我们一个快速备课的方法，它快到教师只须从转动教室门把手到走进教室便能完成。

我知道父母们已经被本书介绍的各种方法和策略轰炸。接收了这么多信息后，我想为父母提供一份类似门把手课程的策略作为礼物，如果其他技术都没有用，这个策略也许可以帮助到你。

这是一套身体动作，请各位按照我的指导一步一步地做。

- 在椅子上坐直身体。
- 耸起双肩，停留半秒，然后放松双肩。

- 再次耸起双肩，将头微微侧向一边的肩膀，然后放松肩膀。

- 再次耸起双肩，和之前一样侧头，皱一下眉头同时轻点头，再放松双肩。

亲爱的读者，就是耸耸肩，这就是非常有效的养育方式。

为什么耸耸肩会有效果？当孩子抱怨在学校遇到的一丁点困难时，你可以耸耸肩。当孩子抱怨麦片里的牛奶不够凉时，你可以耸耸肩；当孩子抱怨同学的父母都让同学上学前看电视时，你可以耸耸肩；当孩子说不想去奶奶家吃午饭时，你可以耸耸肩；当孩子不想去上学时，你可以耸耸肩；当青春期的孩子说，朋友的父母给朋友买的 16 岁生日礼物是一辆车时，你可以耸耸肩。当孩子说期望换一所学校，你现在知道可以怎么做了，没错，就是耸耸肩。

耸耸肩非常美妙，它能够传递明确的信息，你的面部表情和点头表明你理解他们，而耸肩又说明，这不是什么大事儿，耸肩清楚地表达："是的，我正在听你说话，虽然生活不是很如意，但我相信你能应付过来。"

除了耸耸肩，父母还有其他选择吗？父母可以选择和孩子就问题进行长时间讨论，但是这会让孩子继续沉湎于这些小问题，而且会向孩子传递一个信息，他们面对的小问题很严重且需要处理。这样反过来会让孩子夸大问题、情绪恶化。父母们要记住，孩子所面对的不是什么严重的问题，只是有点不顺且遭遇了一些不公而已。

父母也可以帮助孩子解决问题，但这会让孩子更依赖父母的支持，也暗示他们自己无法解决这些问题，他们不需要自己面对这些小烦恼或小不适。这种想法让他们无法面对真实的世

界，甚至有可能让他们继续困在自己的花盆里。父母也可以向孩子解释为什么不帮助他们，但是父母的解释会让孩子认为，父母是因为没有满足他们而内疚。

耸耸肩不意味着不在乎，其实你能听完孩子伤心的讲述就已经是爱他们的表现了，教他们应对小问题的最好方法就是让他们学着自己克服这些问题。

耸耸肩是我的养育课学员最喜欢的方法，是父母能够立刻学会并应用的方法，下面是一位家长在参加完课程时所写的感言。

> 谢谢你教我们一些让人耳目一新的巧妙方法，这让我们重新审视自己的养育方式。这些方法很适合我，也让我有信心在我的孩子身上尝试这些养育方式，可以提高孩子们的心理弹性和自信心，也让他们为将来做好准备。今天早上我就耸了四次肩，感觉棒极了！

为什么耸耸肩如此受家长喜欢？我相信简单的耸耸肩是在向孩子传递这样的信息："我很遗憾你遇到这些事情，但我相信你能处理好的。"

这个信息透露出你对孩子的自信，才是你送给他们最有价值的礼物。

所以，你还在等什么呢？

致谢

我对"过度养育"这个主题的兴趣来自我接触的各类人群和我个人的临床咨询经历。在这里，我想感谢这些人对本书所做的贡献：在我的教学生涯中与我一起工作的学生、老师和领导们，与我合作、培训的公司和工作人员，我在学习与实践心理学过程中的讲师、督导、上司和同事们，还有我的前同事们。我特别要感谢我私人执业的诊所，还有我受训的机构信能社，在信能社的受训经历让我发现有一些养育主题值得探究。

我要感谢我的前督导和现研究合作伙伴，昆士兰科技大学的玛丽琳·坎贝尔教授和大卫·卡瓦纳（David Kavanagh）教授，是他们帮助我成为一个心理学研究者和学术工作者。

我特别感激我的编辑苏·韦伯斯特（Sue Webster），她是一位尽责、足智多谋的编辑（谢天谢地可以找到她作为我的编辑）。感谢尼克·莱曼（Nic Lehman）设计了本书的封面，以及贾斯汀·尼古拉斯（Justin Nicholas）的摄影。特别感谢凯特（Kate）和马克斯为本书封面拍照时所付出的耐心和灵感。

我需要感谢马丁·塞利格曼教授对我的影响，他是我学术生涯的指明灯，他的研究领域让我找到自己的研究领域。我站在家庭养育研究名家的肩膀上，研究者包括杰拉尔德·帕特森（Gerald Patterson）教授、雷克斯·福汉德（Rex Forehand）教授、罗伯特·J.麦克马洪（Robert J McMahon）教授、卡罗琳·韦伯斯特－斯特拉顿（Carolyn Webster–Stratton）教授、马特·桑德斯（Matt Sanders）教授和马克·达兹（Mark Dadds）

教授。我还要感谢琳达·张伯伦（Linda Chamberlain）、约翰·莫兹（John Moulds）博士、卡伦·萨尔蒙（Karen Salmon）博士和凯蒂·奥尼尔（Katie O'Neill）博士，他们在我早期的临床心理学学习中给予了无私的指导。我还要感谢阿娜·本奈特（Arna Bennett）、丹娜·韦奇（Dana Wedge）、大卫·奥格威（David Ogilvie）和卡伦·格雷厄姆（Karon Graham）帮助我推进我的研究和教养项目。我同样感谢罗德·凯福德（Rod Kefford）博士，在我成为心理学家的早期给予我职业上的支持。特别感谢马歇尔·弗劳尔斯－史密斯（Machelle Flowers-Smith）给我的建议及支持。

最后，最最重要的是，我要感谢我的家人和朋友，你们的支持、帮助和爱是我尤为感激的。

版权声明

Judith Y. Locke

THE BONSAI CHILD :Why modern parenting limits children's potential and practical strategies to turn it around

ISBN:9780994369215

Copyright © 2015 Judith Y. Locke

Simplified Chinese translation copyright by Posts & Telecom Press Co., LTD.

All rights reserved.

Any images included within this product are intended for use in this product only and are not to be extracted for other products, applications or promotional usage.

本书版权所有 ©2015 Judith Y. Locke，简体中文翻译版权归人民邮电出版社有限公司所有。

未经出版者事先书面许可，对本出版物的任何部分不得以任何方式或途径复制或传播，包括但不限于复印、录制、录音，或通过任何数据库、信息或可检索的系统。

北京市版权局著作权合同登记号：01-2021-7029